云间王子 I

藍莓村

〔法〕克里斯多夫·加尔法 著
〔法〕文森·杜特埃 绘
戴捷 译

人民文学出版社

著作权合同登记：图字 01-2015-7547 号

图书在版编目(CIP)数据

云间王子.1，蓝莓村 / (法)加尔法著；(法)杜特埃绘；戴捷译.—北京：人民文学出版社，2015
ISBN 978-7-02-011226-5

Ⅰ.①云…　Ⅱ.①加…　②杜…　③戴…　Ⅲ.①儿童文学-长篇小说-法国-现代　Ⅳ.①I565.84

中国版本图书馆 CIP 数据核字(2015)第 271258 号

责任编辑：朱卫净　杨　芹
装帧设计：李　佳

出版发行　人民文学出版社
社　　址　北京市朝内大街 166 号
邮政编码　100705
网　　址　http://www.rw-cn.com
印　　制　山东临沂新华印刷物流集团
经　　销　全国新华书店等
字　　数　172 千字
开　　本　890×1240 毫米　1/32
印　　张　10.375
版　　次　2016 年 1 月北京第 1 版
印　　次　2016 年 1 月第 1 次印刷
书　　号　978-7-02-011226-5
定　　价　38.00 元

目　录

第一部

蓝莓村

第一章

问题一：

1. 从太空看，太阳是什么颜色的？

2. 解释天空为什么是蓝色的。

问题二：

蓝莓村所在的云层高度是多少？从大气层的几个主要原理解释你的答案。

问题三：

……

这是开学后的第一次小测验，老师尽量把问题提得简单一些，都是基础知识。

“这种问题连海鸥都答得出来。”阿祖先生说，他是天体物理老师。说完他又冲提丹吼道："我警告你，要是再交白卷你就留级！回到低年级去！听见了吗？"

提丹坐在教室的最后一排，眼睛盯着纸上的两个问题有半个小时了，他实在想不出答案，看着别人在写答卷又让他恼火。

他心想："海鸥当然会做了。它们会飞，会飞就什么都好办了，我们真应该学习飞……"

他看了眼好朋友汤姆·布里吉，他是村长布里吉上校的儿子。汤姆坐第一排，他完全没有提丹的烦恼，作为全班第一名，他是极少数喜欢阿祖先生讲课的学生。他喜欢学习自然界的规律，了解空气、云、彩虹和星星的运行原理。

汤姆从考试一开始就写呀写，没停过笔。大多数学生更喜欢用布瓦卡先生教给他们的方法来解答物理难题，但他不一样。

阿祖先生说过："一切作弊行为均会受到严厉的惩罚。"不过，这种警告并不能杜绝作弊。只是，阿祖老师也不是吃闲饭的，他稳稳地坐在讲台后面，眼睛紧盯着学生，不许他们闭上眼睛。阿祖先生的课跟布瓦卡先生的一点也不一样。布瓦卡先生是心灵感知课老师，比他的同事受欢迎多了。去年，他教学生们如何集中精神力，听风从墙上吹过，体会风的感觉。今年他们高了一年级，他就教他们如何闭上眼睛，估算空气中的湿度和温度。

由于使用布瓦卡先生教会他们的方法，所以学生们已经能够通过闭上眼睛感知风，就在脑子里看到他们所生活的云层飘浮在空中的样子。因此，他们知道只要闭上眼睛，使用“心灵感知法”，就可以看见风、水、云和空气的内部运动，轻松回答阿祖先生的物理问题，根本用不着死啃课本。

布瓦卡先生说过：“所有事物之间都是有关联的，大气层就是一个整体，我们生活在其中，每时每刻都在呼吸大气中的空气。你们要相信自己心灵的感觉，你们能够感知到世界。闭上眼睛，集中精神……”

提丹从来没有感觉到任何东西，既感觉不到空气，也感觉不到风。他确实认真试过，可他看到的总是蓝天，总是一样的蓝天，没有一丝风，没有一片云。

阿祖先生是物理课老师，而不是感知课老师，因此他禁止学生们在他的课上使用心灵感知力。“如果你们不理解原理，那么不论看见什么都是没有用处的。”他总是这么说。提丹真是不幸，不会运用感知力也罢了，仅有那么几次，他试图集中精力去听阿祖先生的课，结果还是什么都听不懂。

提丹抬起头看着窗外，天还是蓝色的，但快到晚上了。

他给自己打气："快点，赶快想呀！天是蓝色的，这我知道；可是，从太空看太阳……"

就在他快要放弃的时候，脑子里突然出现一个念头。他抓起笔，先小心地把题目抄了一遍，这样答卷看起来能长一点。他写道：

问题一：

1. 从太空看，太阳是什么颜色的？

2. 解释天空为什么是蓝色的。

第一题答案：

第 1 小题答案：从太空看，太阳是蓝色的。

第 2 小题答案：因为太阳是蓝色的，所以天空也是蓝色的。

"就这么简单！"

他对自己的答案非常满意，紧接着做第二题："蓝莓村所在的云层高度是多少？"

提丹像所有蓝莓村的村民一样，知道村子是建在一片云层上的，云层又位于大海中央的一个火山岛上。可云的高度，谁知道啊！他悄悄往讲台上看了一眼，阿祖先生抓住了亨利，法语老师的儿子，他正闭着眼睛打算用心灵感知力作弊。

“亨利，不许闭着眼睛！”阿祖先生跳起来，“认真思考一下就行了，一点儿也不难！”

提丹趁机集中精力紧闭眼睛，他得在阿祖先生发现之前，看见大海、小岛、火山，还有云层上面的村子。

他开始感知大海，尽管需要时间，但他要坚持下去，因为他至少要答出前两个问题。

他的头脑里开始浮现出一幅画面：他看见海浪，这比刚跟布瓦卡先生学习时有进步。他试着感知风，他的心跳猛地加速，他看见了！有风，还有小岛，中间是一座山，山顶是平的！肯定是蓝莓村下面的火山！

水面上的风把雾吹到了小岛边上，提丹闭着眼睛，他看到风正顺着山势上升到天空中。如果他能跟上风的速度，那他就能大致知道火山上面云层的高度了……他马上就要知道了，他追上风，正顺着火山往上看……

糟糕！他的视线开始模糊，快看不见了！

他用尽力气，再一次集中精神力，他所看到的风突然加速，以比平时快许多的速度往山坡上吹，一直吹向山顶，吹向火山口。可火山口上面的天空并不是蓝色的，反而有点白，白得令人担忧，他从没见过这种白色。白色的盘旋物把所有的东西都吞没了。提丹在这片奇异的白色天空中寻找蓝莓村的云层，可他找不到。根本没有蓝莓村！由于他的精神力太集中，所以呼吸也变得沉重起来。

“声音小点好不好！”他的邻桌不满地说。

“提丹！”阿祖先生大声叫，“别以为我看不见！”

提丹睁开眼睛，画面消失了。他简直不敢相信，虽然没找到蓝莓村的云层，但他还是看见了东西！这是他第一次成功，他甚至感知到了风！他向阿祖先生咧开大嘴笑着。

老师站在讲台上，瞪大黑眼珠说：

“下课你来我的办公室。”

“糟了！”提丹心想，心还在突突跳，“可我刚才差一点就看见了……”他往窗外看去，希望能看见他在脑海中看过的白色天空。

不对，天空是暗蓝色的，没有云彩，跟他脑海里的完全不一样，就是说他看见的只是幻觉。他还是没成功！

提丹失望地低下头。可同时，他又松了一口气，真实的天空不像他感知到的那么危险，这令他放下心来。

突然，他脑子里闪现了一个从未有过的天才念头，虽然没有看见云层之上的蓝莓村，但他对第二个问题有了答案。

问题二：

蓝莓村所在的云层高度是多少？从大气层的几个主要原

理解释你的答案。

第二题答案：

这要取决于我们是从海面上还是从火山口测量。

“这下好啦！”他这么想着，都忘了看下面的问题，反正他也看不懂，“我肯定能留在汤姆的班里啦！”

他得意地看了看挂在黑板上方的木钟，离考试结束还有半个小时呢！

时间过得太慢，慢得可怕。

他又看了看万里无云的天空，连一点太阳下山的橘红色都看不见，甚至没有海鸥。

“又错过看日落了……”他惋惜地想。

他沮丧地托住下巴，为什么要上学呢？他觉得，一整天都关在教室里，一点也不好。

“米蒂尔肯定不这么想。”望着坐在他前面两排、褐色头发的模范女学生，他默默想着。

水与云

液态水吸收周围的热量，从而转变成水蒸气，这叫蒸发。

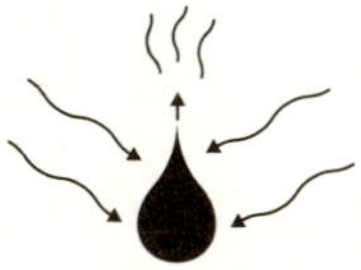

太阳的热量在到达地球表面之前，近一半的能量都用于将水变成水蒸气了。

另一半用于加热地表，并使空气带着水蒸气散发到空中。

然而蒸气也能重新转化成液体，这个过程叫做凝结。

在升向天空的过程中，被太阳加热的蒸气逐渐变冷，到达一定的高度之后，将不再以蒸气的形式存在。此时，它们依附着飘浮在空气中的微小灰尘，凝结成小水滴或冰凌，同时，把太阳给予它的热量释放出来，还给了大气。我们的大气层大部分情况下就是以这种方式保持温度。

水滴不像无形的水蒸气，是看得见的。一旦它们达到一定的数量，就会在天空中形成白色絮状物，我们称之为云。

水蒸气凝结成可见水滴的高度，我们称作霜

身上湿了以后为什么会感觉冷？

因为身上湿了以后，皮肤上的水分就会蒸发而带走周围的热量，这样一来，皮肤和空气的温度都会下降，我们就会感到冷。

点高度，这也是云的高度。因此，所有的云层底部应该是平坦的，因为它们处于同一高度。

当地面上有障碍时，风就会借助障碍物的高度让空气上升。因此我们通常会看到山顶、岛上和火山顶上有云，并会停留在那里不动。

水滴或冰凌一旦形成，它们就会停留在这个高度。理论上，所有的云都应该是扁平的一层。然而蒸气在凝结的过程中会把曾经吸收的热量释放出来，使得周围的空气升温，从而使霜点高度上升，这样云的上部会涨大形成云顶。

霜点高度与空气的状况有关，比如温度、湿度和气压等。因此这个高度在不同的地点、不同的时间是不同的。在天空中，离地面最近的云的高度每天都不一样。

第二章

米蒂尔的父亲是北方云国的国王。她刚一出生，她的父亲就命令布里吉上校带着她逃亡。当时他在书房里踱来踱去：“暴君要来攻打我们了，这一天早晚会来到。我的女儿已经失去了母亲，她必须在和平的环境中成长。我只能把她交给您。”

上校跪在国王面前发誓说：“陛下，我会把公主当作自己的亲生女儿来抚养。”

然后，他立即开始为云中之旅做充分的准备。他囤积了充足的房梁、汽油和食品，并列了一个跟随他逃亡的名单。

上校召集了北方云国最优秀的云工，就是可以制造固定云层的工程师，并挑选了建筑工、农民和面包师，又向皇家教师解释了当时的情况，最优秀的教师愿意跟着他和米蒂尔走，让未来的女王接受最高等的教育。最后他们撤离了北方云国，留下了那个即将战败的国家……后来，只一天，这个国家就覆灭了。不过这些是上校在很久以后才知道的。

战役打响的同一天，逃亡者们正在大洋上空飞翔，不幸遇上一阵猛烈的风暴，摧毁了他们飞行云的发动机。

之后好几天，他们只能依靠风力，在海洋上空飘荡。最后，失去发动机的飞行云把他们带到一座大海中央的火山口上方，再也不动了。

上校指挥云层工程师、建筑师和建筑工人建造起一座风力发动厂，将他们乘坐的飞行云改造成一个结实的云层，并在上面建造了一个村子，命名为蓝莓村。农民们在村边种起水稻，人们在此安顿下来，等待着国王的消息。

几个星期后的一天早晨，村民们在村中央广场上发现一个飞行器残骸，是前一天夜里坠落的，飞行器旁边还躺着一个昏迷不醒的女人。她的服饰与村里人的不一样，却跟暴君的国度——中央王国居民的服饰一样。她的脖子上挂着一条项链，上面拴有一颗奇异的水晶石，石头里闪烁着一道彩虹。

起初，村民们对这个从敌国来的陌生女人很警惕，但他们发现她怀有身孕，因此决定收留她，只是不让她跟大家住在一起，而在村子与风力发动厂之间的田野中央，给她盖了一间小屋。他们禁止她到村子里来，只有上校时不时去看望她。

那个女人名叫凯·德拉克。三个月之后，她生下了一个儿子，起名为提丹。她当时还不知道，自己的儿子日后成了这里唯一一个所有老师一致公认的坏学生。

这是十二年前的事了，现在米蒂尔与提丹在一个班里上课，而未来两人的人生注定大相径庭。米蒂尔是公主，北方云国的王位继承者，而提丹则来自敌国。

每年年初，村长会向学生们重复同样的话："总有一天，国王会夺回我们的国家，米蒂尔将成为女王，你们都将是她的臣民。为此，你们要好好学习。"

因此，蓝莓村的孩子们都会有一个美好的未来，当然提丹除外。村民们并不把他视作自己人。

这会儿，他叹口气心想："同学们都比我有运气……唉，要是我能不上学就好了……"他正这么想着，椅子的挪动声把他拉回了现实，是汤姆站起身把卷子交给了阿祖先生。他总是第一个交卷，之后他走出了教室。

几分钟后，米蒂尔也交了卷，随后是其他同学，其中有杰里，就是云总工的长子。提丹把自己的考卷混在这些卷子当中，走出了教室。

杰里在楼道里像往常一样吹起了牛，说考试如何容易，有几个同学用崇拜的目光望着他。

米蒂尔在旁边正与一个女同学说话，她看向提丹。提丹马上把眼睛转开，看到了汤姆，他正坐在墙脚看书。提丹走上前，在他身边坐下。

“你考得怎么样?”他的好朋友问他。

“还行吧。不难。”

“是吗?”汤姆有点惊讶，他还从来没听提丹说过哪次考试不难。

“太阳那道题你是怎么回答的?”他担心地问道。

“嗯，是蓝色的呗。”

“你开什么玩笑?!”

“怎么啦？难道不是蓝色的?”

“当然不是！是白色的!”

“那天空呢?”

“天空是蓝色的，因为……”

“我完了!”提丹抱住头，“阿祖先生会把我跟你们分开的！他会让我留级的，大家都会笑话我。”

“不会的!”汤姆安慰他说，“咱们求他让你再考一次。你不是常常补考嘛!”

“可补考也没用。”

“告诉你，我在图书馆里看到过一本书，里面有所有你应该学会的东西。假如你今天晚上能够背下来，考试就肯定没问题。来，咱们去找一找！五分钟就搞定，上课之前能赶回来。”

提丹从来没进过图书馆，而一间全是书的房间对他来说没有任何乐趣可言，不过他还是跟着汤姆走了。看起来，汤姆似乎很有把握，反正去图书馆对他也没什么坏处……

他跟着汤姆在学校的楼道里走着，想起刚才的幻觉，假如他能像别人一样看见风，而不是胡思乱想该多好！

他只差那么一点就成功了，真气人。而且，他在幻觉中看到的风暴前兆令他感觉紧张不安，因为那画面是如此真实！他尝试着回忆，他确实看到一座岛和一座火山，风顺着山坡往火山口上吹。可是山上并没有云层，也没有蓝莓村。

“我真没用！”走进图书馆时他不止一次地这么想。

光　线

在宇宙中，能量可以有好几种形式，比如说电磁能、万有引力、核能等。

大部分科学家认为这些能量都是同一种超级能量的不同形式而已。这种超级能量在宇宙形成的第一时刻，即大爆炸时就拥有了，后来才转化成不同形式的能量。

有些媒介可以让这些能量从一个地方转移到另一个地方。没有它们，世界就不会有这么多变化，因为一切都将处于静止的状态。

其中一个媒介就叫光子，它是光最基本的单位。

我们的眼睛是可以接收光子的，但是只能看到那些带有特殊能量的光子，即我们称之为可见光的光子。

最大的可见光来源就是太阳。

我们的眼睛所能看到的光，有些动物是看不见的；而有些动物看到的，我们却看不到。比如说鸟类可以看到紫外线，我们却不能。

但人类发明了仪器，因此我们可以看到几乎所有的光线，也包括我们肉眼看不见的紫外线和红外线。

第三章

蓝莓村小学有两个校门，一个正对着村中央广场，是正门；另一个朝向南边的稻田，是小门。整个小学有一道很长的步道连接两个校门，步道两边是各位老师的办公室、高年级和低年级的教室以及图书馆。

图书馆的形状是一个倾斜的五角星。五角星的中央是个阅读室，摆放着两张长桌子和几把椅子，四周是抵着屋顶的书架，每个书架上放着好几百本书。

汤姆一进门便打开灯，熟练地用目光扫了一眼书架，寻找要给提丹的那本书。他先是翻了翻第一排书，没找到，又翻第二排、第三排。

提丹站在门口看着周围的景象，到处是书啊！他从来没想到这世上会有这么多书。

他没勇气看下去，只好把目光转向房间里一个暗室的入口。那里有一根绳子拦在中间，上面拴个牌子挡住入口。提丹走近一看，上面写着：“禁止学生入内。”

他好奇地将身子探进去看，里面虽然暗，但也能看见几个书架。

“找到啦！”汤姆在他身后喊道，“咱们走吧！”

“这里面通向哪儿啊？”提丹没理他。

“这是老师才能进的地方，”汤姆回答，“咱们不能进去。”

“是吗？”提丹有点惊讶，他没想到书也会被禁止，“都是些什么书啊？”

“教科书吧……别！提丹，回来！”他放低声叫道，他看见提丹从绳子底下钻了进去。

“我来看看老师们都看什么书。”他一边笑着说，一边往神秘的黑暗中走去。尽管很暗，他还是看到了几本书名。他大声读出来给汤姆听：“《泡澡按摩的一千种方法》、《为什么女人怕打雷？怎样安慰？》、《下雨天听的一百个笑话》。这都是什么书啊？”他小声嘀咕说。

“快回来，”汤姆央求他，“别待在里面，万一哪个老师看见了，你可就真的完了。”

提丹没理他，继续往里走，不一会儿就消失在黑暗中了。几秒钟后，汤姆担心的事发生了，图书馆门口响起脚步声，他想也没想就钻过绳子，向提丹跑去。与此同时，校长贝尔女士的话音打破了寂静。

“里面有人吗?”她看见图书馆的灯亮着，就喊了一声。

提丹和汤姆背靠着墙屏住呼吸。

“怎么?没人!”她惊呼道，“唉，这些孩子什么时候才能学会关灯!”说完她拿了本书，在阅读室里坐了下来。就在此时，上课铃声响了，两个孩子宁愿旷课也不愿让人发现他们藏在禁书室里。他们尽量向里退去，直到一堵墙挡住了退路，他们被困在里面了！现在只有等贝尔女士离开才能脱身。

十分钟后，校长仍坐着没动，两个孩子干脆在地上坐下来。

“都是你不好，”汤姆小声说，“咱们肯定要挨罚了。”

“别说话！她会听见的。”提丹小声说。

“没准她会把咱们关一整夜。”二十分钟后汤姆又嘀咕道，“没办法了，得去跟她说实话……”

“别乱来!”

铃声又响了，是下课铃。阿祖先生肯定在到处找他们。要是贝尔女士现在离开就好了！铃声还没停，他们的老师已经走进图书馆，提丹和汤姆在黑暗深处看见他在校长面前站住。

“你好，安妮。”他语气有些恼怒。

“你好，约翰。哟！您看上去不太高兴，有什么事吗？”

“您看见德拉克和布里吉了吗？”

“没有。怎么回事？”

“刚开学，德拉克就作弊、旷课，叫他来办公室找我也没来。而且，他还拖上了布里吉。”

“您认为德拉克会带布里吉来这儿，来图书馆？”

“谁知道这孩子能干出什么鬼把戏？去年他还从学校屋顶上往下跳想学飞呢！而且，杰里看见他们进来了。”

提丹咬牙切齿：“这可恶的家伙……”

汤姆说：“咱们完蛋了！”

阅读室里，贝尔女士合上书盯着阿祖老师说：“约翰，您能不能放提丹一马？这样您也省点心。”

“为什么上校总是护着这孩子，我可能永远也弄不明白。但您有所不知，他可是需要严格管教的！要是我们任其自由发展，他可就无法无天了。而且别的学生会怎么想？我提醒您，我可是要对十六个学生负责，人数不少责任重大啊！”

“是啊，学生是不少，我们需要多聘一位老师。今天晚上不如您就直接向上校反映一下这个问题。您没忘记今天晚上我们受邀去他家做客吧？”

“今天晚上？”阿祖先生叫道，“我哪有时间？我还要批改学生考卷！”

“那就改天再批。约翰，鸟儿们终于回来了。上校收到了国王的消息。”

“这怎么可能？”阿祖先生惊呼。

就在此时，一本书掉了下来，一个沉闷的声音回响在图书馆中。犯下大错的汤姆因为听到今天老师们都要到他家做客，一时心慌没站稳，撞上了书架。看到阿祖先生和贝尔女士向他们这里转身，两人吓坏了。

“他们总不会走进那里去吧……”阿祖先生嘀咕着。

汤姆和提丹屏住呼吸，老师正向入口处走过来，一边翻口袋一边向里张望。

“安妮，您有手电筒吗？”

“这儿有，您看见他们了？”

阿祖先生一言不发地拿起手电筒。

两个孩子吓得向后靠去，谁知墙面是活动的！失去重心的他们向后倒下，滚进墙里的一个暗道，顺着向下的斜坡，大概滚了十来米之后撞开了一扇木门。他们抬起头，这里有盏昏暗的灯，而他们刚刚撞开的木门正在慢慢关上。

提丹跳起身想跑去卡住门，可来不及了，门已关上，并且再也打不开了。他们被困在了墙的暗道里！

过了一会儿，老师解开拴在入口处的绳子走进暗室，用手电照照地下，在暗室的尽头，地上躺着一本书，讲的是如何用描述星星的办法引诱女人。他捡起来翻看，不记得见过这本书，也搞不清楚是什么样的魔法让它落到此处。不过他还是很高兴，说不定哪天用得上。他把书揣进口袋，回到阅读室里继续跟贝尔校长谈论国王的消息。

颜　色

来自太阳的可见光包含所有的颜色。

这些颜色在太空里完全重叠在一起，所以呈现白色。因此，从太空里看，太阳是白色的。

光（也就是光子）可以用波浪来形容，也就是说，如果没有障碍，它们就像海浪一样，以每秒二亿九千九百七十九万两千四百五十八（299792458）米的速度向前传播。

光的颜色取决于两个浪尖之间的长度，这个长度称作波长。下面就是我们肉眼可见光的波长：

· 紫色光在两个浪尖之间的距离是 380 至 450 纳米（nm）

· 蓝色光在两个浪尖之间的距离是 450 至 495 纳米（nm）

· 绿色光在两个浪尖之间的距离是 495 至 570 纳米（nm）

· 黄色光在两个浪尖之间的距离是 570 至 590 纳米（nm）

· 橙色光在两个浪尖之间的距离是 590 至 620 纳米（nm）

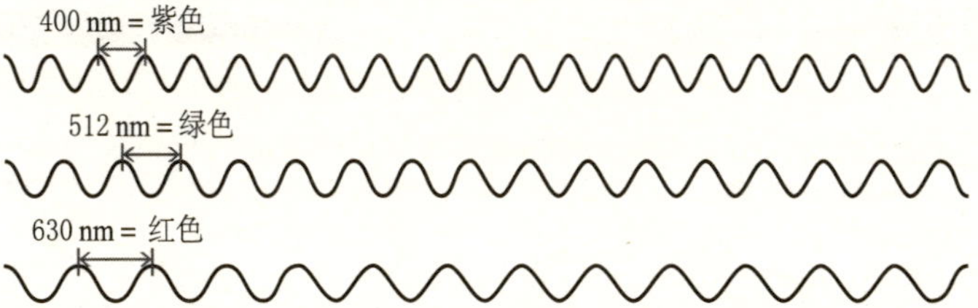

· 红色光在两个浪尖之间的距离是 620 至 750 纳米（nm）

颜色可以从一种变成另一种。比如紫色，只要它的波长变长，就可以变成蓝色、绿色、黄色、橙色或红色。这种现象我们叫做红移。

相反地，如果光的波长变短，颜色就会向蓝色和紫色转变，这叫蓝移。

当星星在太空中飞速旋转时，它们发出的光可以让我们知道它们朝哪个方向移动，也可以让我们知道它们是离我们越来越近，还是越来越远。如果是红移，便离我们越来越远，如果是蓝移便是朝我们飞来。

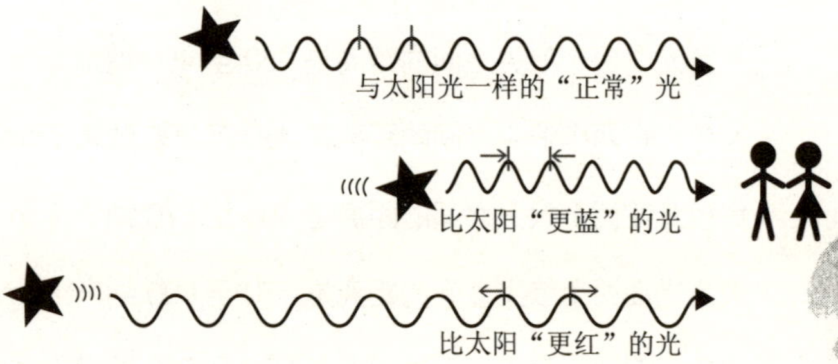

第四章

提丹把耳朵贴在墙上，仔细听着阿祖先生的脚步声。而汤姆则在研究另一扇挡住他们的门。

“怎么样？”提丹走到他身边悄声问道。

“不好，非常不好。咱们当时真该回到老师身边。他们还在上面？”

“是，不过回去的路已经堵上，咱们出不去了。”

他们说话的声音在墙的暗道里回响，由于墙似乎很厚，所以声音有些怪怪的。

“咱们这是在哪儿？”提丹看着木门问道。

“我怎么知道？”

“好吧，反正被困在这儿了，得想办法离开。”提丹握着门把手说。

门板很重，两人使尽全力拉，最后终于拉开一条缝，露出门后一道微弱的红光。一阵潮湿的风吹在他们的脸上。他们把门拉开，外面的景象让他们大吃一惊。门外没有墙，只看见粉红色的雾，非常浓，浓雾中隐约有一条路。风吹着神秘的浓雾若隐若现，似乎有一些立柱，但又看不清到底有多高。

提丹喊道："看见没？有条路！"

汤姆说："当然看见了，我又不瞎！"

提丹用脚试了试，看这条路是否可以走。可以！他在微

弱的光线中摸索着往前走去。他摸不到东西，手腕周围却出现一些小气流。

“咱们不该来这儿，太危险了。”汤姆站在原地说。

“我觉得，这里的墙肯定塌了。”

“哪来的墙?！这是一座桥！一座吊桥！咱们现在在村子下面的云雾里。”

“他们干嘛在村子下面建一座桥呢？傻不傻呀！”

“没准是建蓝莓村的时候就需要，或是有别的用处。反正咱们不能过去，要出事的！回去吧！咱们大声叫，阿祖先生和贝尔校长会来开门的。”

提丹根本没听他说话，他正仔细观察那些被小气流吹得轻轻流动的粉红色雾气。

过了一会儿，他说：“哎，咱们过去看看到底通向哪儿。没准那边有什么秘密，或是什么出口。”

“提丹，真的太危险了，你不知道……”

“那你就待在这儿吧，我一会儿回来告诉你。”说着他向前走去。

“站住！你还嫌咱们麻烦不多吗？尤其是你的麻烦。”

提丹没停步，每走一步，他的身影就在粉红色雾气中变得愈加模糊。

“提丹，回来！”汤姆无助地喊。

提丹没回头，他的身影最终消失在云雾中。

汤姆只好坐在桥头，紧盯着粉红色的雾。跟他的朋友不同的是，他可知道这个颜色的由来，这是太阳下山时，云雾中的无数小水滴反射出的太阳光。

他心想，提丹真有胆量，敢一个人走上悬在空中的桥。

突然，他明白了这勇气来自何方，因为他的朋友什么都不知道。不知者无畏啊！而他自己呢，居然就让提丹冒了这个危险！汤姆一跃而起，向提丹的方向跑去。但地上太滑了，他差点滑倒。潮湿的空气浸湿了他的衣服和头发。

“提丹！等等我！”

当他终于找到他胆大无畏的朋友时，提丹正向他微笑：

“我打赌你一定会来找我的！其实这儿什么都没有。粉红的雾是好看，不过看久了也没啥意思。”

汤姆跑得气喘吁吁，他心里念叨着：“保持冷静，一切都会好起来的，仔细跟他解释我们的处境，然后把他带回去。”

等缓过了气，他说：“提丹，我再跟你说一遍，咱们是在蓝莓村下面的云雾里，而云就是由水组成的，所以地很滑，假如咱们滑倒……”

“你开什么玩笑？”提丹打断他说，“如果云是水组成的，那它还能在空中浮着吗？别以为我在班里成绩不好就可以把我当傻子！”

“不是，我说的是真的！不开玩笑！”

突然而至的一阵狂风把他们刮到了桥的边上。

“救命啊！”汤姆一下子趴在地上大喊，“来人呀！”

提丹不以为然地说：“你怎么回事？瞧你吓的！”

风停了，提丹看了看四周，而汤姆正哆哆嗦嗦地试图平静下来。

提丹觉得有些蹊跷：“这风吹得怪……中午就没感觉到。”

“不奇怪，是从风力发动厂那边吹过来的，我们在上面感觉不到。”

“咦，你在哆嗦？你怎么啦？”

“你不知道，万一滑倒了，咱们就全完了！”

“你干吗老想着滑倒，小心点儿不就得了？而且就算云是由水组成的也没关系，水又没危险，咱们掉进水里也死不了。你可真有意思。”

仍趴在地上的汤姆难以置信地望着提丹：“你居然知道这个？”

“反正比你想象的多，”提丹口气很坚定，“问题是，我有时候会忘记。”

“你知道风厂的作用吗？”

“当然知道，它是用来保证咱们村子停留在云上！”

“那云又是什么？”

提丹皱起眉表示他在思考，然后摇了摇头。

汤姆牙齿打着战地说道：“当海水……当海水被太阳照热之后，水就蒸发了。这个你总记得吧？”

提丹重复道：“水蒸发了。”一边说一边靠近桥边，好透过粉红色的雾观察大海。

“提丹……你……你不要向下看……”

“蒸发是什么意思?”他回到桥中央问道。

“就是水……当水变成了水蒸气。”

“哦，这个我以前是知道的！有一次我把一整杯水放在床底下有一个多星期，等我想起来的时候，杯子里已经没水了！”

提丹的无知令汤姆十分恼火，但他仍然耐住性子解释说：

“太阳把水周围的空气一晒热，水就蒸发了。水蒸气上升到天空……上升的过程中，水蒸气逐渐冷却下来……因为，越往上，空气越冷。”

“是吗?”

“可不是。”

“怪不得咱们这儿这么冷。”

“问题不在这儿，你等我说完。水蒸气上升到一定高度，就是空气足够冷的时候，水蒸气就又变成水了，大量水滴聚在一起就形成了云。”

提丹皱了皱眉往四下看了看。

“这么说，云确实就是由水滴组成的，而且是粉色的?”

他仔细观察附着在他毛衣和皮肤上的水滴，又尝了尝，确实百分之百就是水。

“海里来的粉色水！”他把心里的想法高声说了出来，“真奇怪！”

汤姆真拿他没办法，双手抱住头，心想他的朋友蠢得像头驴。

“不是这么回事！这个颜色是因为夕阳的光线反射在水滴里。水本身并不是粉色的。”他叹了口气说。

“你怎么知道这些？”

“你以为我在学校里什么都不干？而且这就是刚才考试里的一道题！”汤姆气呼呼地说，他现在一点也不发抖了。

“真的？”提丹抬了抬眉毛。

汤姆趁机问他：“你还记得第二道题吗？”

“汤姆，你别跟杰里学！考试早结束了，还没完没了的。”

“问的是蓝莓村的海拔高度。你知道答案吗？”汤姆压住火气说。

提丹知道最好别惹他，于是表示愿听其详：

“说吧，我听着呢。”

“就是大气中，水蒸气变成水滴的那个温度的高度，六千英尺。”

提丹瞪大眼看着汤姆，他没想到答案是这个，真怀疑他是不是开玩笑。

“你说什么？六千齿？”

“就是说，万一掉下去就会摔死！”

“这跟牙齿有什么关系？哪种牙齿？门牙？后槽牙？”

“傻瓜，是英尺，长度单位，不是说谁的牙齿！六千英尺就是两千米！如果风把我们吹下去，我们就会掉到海里或者火山上。我还告诉你，从这个高度掉下去，怎么都得摔死。桥底下可没有实地！”

“没有实地？天啊……你怎么不早告诉我？”提丹四下里看看，疯了似的大喊起来，“你有毛病啊！得赶快回图书馆去！”

汤姆消了气，因为提丹终于明白了。

又起风了，一个尖厉的声音划过他们的耳际。

“有点像我在家经常听到的声音。”提丹说着，四肢着地趴在地上。

“风厂！”汤姆叫道，“不好，它要造狂风来保持云层的高度！要是咱们让风卷走可就糟啦！赶快离开这里！”

“看！”提丹叫道。

在他们面前近二十米的不远处，红色的雾中隐约可以看见一扇门的轮廓。两人毫不犹豫地冲了过去，也不管是不是通向图书馆。这时狂风骤起，令他们在潮湿的浮桥上几乎站不住脚。

他们连滚带爬地终于到了桥头。提丹握住门把手，门刚被打开，风就猛地灌了进去，力道大得让人抓不住门把手。狂风摔开了门，门撞到黑暗过道的墙上，提丹和汤姆扑进去，再返身去关门，可那门重得似有一吨！他们使尽了全身吃奶的力气，终于关上了门。这下他们置身于一个全黑的环境中，只好静下心来慢慢平缓呼吸。听着门外的风在怒吼，提丹很高兴。

“成功了！咱们从云里走出来了！”他一边说一边顺着墙摸索着向前走。

“你在哪儿？”汤姆不安地问，“你在哪儿呀？”

“得找到光源，肯定在什么地方能找到个手电筒什么的。”

“等等我！”

往前走了十米，脚下的地开始变得平坦，过道也宽了，他们来到一间屋子里。提丹在墙上摸到一个电灯开关，便打开了灯。

屋子很矮，一跳就能摸到屋顶。墙上全是摆满了皮制书的书架。

“跑了半天，结果又回到一间书房里！倒霉透了！”提丹不满地说。

汤姆兴奋地说："秘密书房，太有运气了！"

他扑进房间，跪在一个书架前，之后又跑到另一个书架前，欢快地跑来跑去。

突然，他看到一本放在书架最边上的书，大大的书名令他猛地站住了。他望着眼前这本书，然后咧开嘴颤抖着从书架上取下了它。

第五章

提丹挠挠头看着坐在地上的汤姆，他正旁若无人地埋头看书。“这家伙确实了不起，”他不由地这么想，“他能在这儿看上一夜。”

提丹才不想在这个地方耗时间，可惜这间图书馆没有门，有的只是满架的书，把所有的墙都占满了。只是屋角有几件简单的家具，一个木书桌上放着一盏台灯，旁边有把椅子和一个梯凳，书桌上好在没放书……

提丹走近书桌，地上的一个文件夹引起了他的注意，上面写着：“学生档案”。他蹲下身打开文件夹，见到第一个文件袋上写的学生名字是：

姓：莫尔松

名：杰里

是那个告密的家伙！提丹翻了翻内容，希望能找到一些有用的东西：

评价：好学生

能力：普通

特长：军人式严谨

方向：北方云国军队将领

签名：贝尔校长，布里吉上校

“将来谁受他指挥可是倒了霉了。”提丹心想。之后，他放下这个文件袋去找自己的，结果先看到了汤姆的。

姓：布里吉

名：汤姆

评价：优秀学生

能力：普通

特长：对物理现象理解透彻

方向：特种行动指挥

签名：贝尔校长，布里吉上校

提丹瞟了一眼汤姆，他在翻看一本书。“特种行动？哇！”他为朋友自豪。之后他继续翻看其他文件夹。

姓：德拉克

名：提丹

评价：无可救药的学生

能力：未发现

特长：未发现

方向：未知

如遇紧急情况与上校联系。

签名：贝尔校长，布里吉上校

提丹惊呆了，知道自己一无所长是一回事，白纸黑字写在纸上是另一回事。他得赶快离开这个装满书籍的房间，到外面去透透气。他默默地收好文件夹，环顾了一下房间，目光最后落在梯凳上。

“这么矮的屋子里怎么会有梯凳？奇怪。”他这么想着突然眼前一亮，他吃惊地抬起头：“没错！”就在他头顶上有个盖子，“我还不至于一无是处！”他给自己鼓着劲扑向梯凳。

他爬上去用手推了推盖子，不行，盖得很死。

“汤姆！来帮我一把！”他悄声对朋友说。

汤姆纹丝不动。

“汤姆！”

没反应。

“喂！你听见没有？”

汤姆吓了一跳，“啪”地合上书，看样子是不想让人知道他看的内容。

“你看什么书？”提丹好奇地问他。

“不是给你的。”汤姆把书揣进怀里。

“这我知道。”提丹说着指了指屋顶上的盖板说：“来帮我一把。没准是个出口。”

汤姆走过来，两人合力往上推，推到提丹能把头伸出去为止。

“上面有块地毯，”他拍了拍盖板上的厚毯子说，“得把它移开，要不然推不开。”

“地毯？”汤姆问了句。

“是呀，一块红色的地毯，跟你家房子后面你爸小木屋里的一样。”

“真的？”

“你不是对这个特别自豪吗？看，别人也有。”

“是我爸说的，说只有这一块，”汤姆反驳说，“等等，让我好好想想……咱们刚才从图书馆出来之后，一直往前走，

云在那边就变成粉色的了，因此咱们是朝着太阳下山的方向，向西……提丹！我知道咱们在哪儿了！”

“是吗？在哪儿？”

“就在我爸的小木屋下面！”

“这怎么可能？”

“你仔细想想就明白了。我爸是村长，假如我们走到面包店那才怪了呢！”

汤姆关了灯，提丹尽力把盖板往上推，好让他朋友钻出去把地毯拉开。等盖板完全打开，他也爬了上去，坐在汤姆身边。汤姆正咧嘴笑，因为他们正好就在布里吉上校的小木屋里，这下不用再穿过云雾走吊桥或求助别人了。他们有救了！可提丹的情绪有点低落，因为他在文件夹中看到了那些内容。

小木屋很暗，夕阳从门缝中透进来，照亮了空气中飘浮的灰尘。

“太阳还没下山？”提丹兴奋起来，把地毯重新移回原处，“走，咱们去看夕阳！”

汤姆走近门打开一条缝。

“你爸在吗？”提丹问他。

“等等，我去看看。”

“米蒂尔呢？”

“她肯定不在，每天晚上她都为村子过节的事忙活。”

“那不是还有一个月吗？”

“就是。她在漆一条长椅，上星期就开始了。真不可理解，她应该漆十五遍了，其实她就是不想洗碗。我父母上了她的当，弄得只好我洗。”

“那你妈呢？她在吗？”

“她看见咱们不会说什么。”

汤姆转过身看着地下室，摇摇头说：“我小时候经常到这儿来捉迷藏，可从没想到，地毯下会有一个盖板！而且下面还藏着这么多宝贝！”

“什么宝贝？”提丹摸不着头脑。

汤姆没回答，悄悄夹紧了衬衫里面藏的书。

屋外，夕阳的余晖照亮了布里吉家的墙，上校书房的两扇落地窗像两只巨大的眼睛，正对着他们。与蓝莓村所有居民家一样，汤姆家房顶上也竖着一台风车，在夕阳染红的墙上缓缓转动，发出呜呜的声音，向全家供电。云雾飘来，风车看上去像是屋顶上的红脑袋小丑，只露出鼻尖。

透过落地窗，两个朋友看见汤姆爸爸的宽肩膀从沙发后露出来。布里吉上校正在工作，他喜欢背着太阳坐。

“咱们没法从花园里走，他会看见我们的。”提丹小声说。

汤姆点点头。

“那咱们就藏在小木屋后面看日落吧！”提丹接着说。

两人悄悄走出来，绕到小木屋的后面。

夕阳在他们面前洒下最后一线光明，照亮了大海。天空高远而美丽，天边变成了橙红色，最远处为蓝色。而村子的另一边，天空开始闪烁着几颗星星，夜幕降临了。

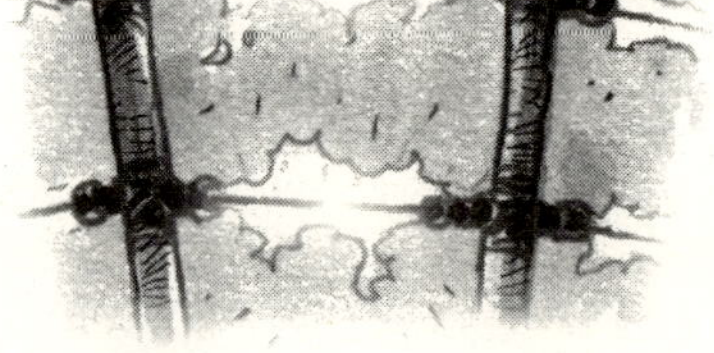

为什么白天的天空是蓝色的？

地球的大气层并不像太空一样一无所有，而是充满了各种气体和微粒，我们称作空气分子。

大部分空气分子用人的肉眼是看不见的，但是它们可以阻碍太阳光的传播。

这些各种颜色的阳光要穿过地球的大气层很不容易，每遇到一个空气分子，它们就会改变运行方向，有的向上，有的向下，有的向左或向右，经过了多次的弹跳散射之后，这些光的颜色就分散开，并将天空全部占满。我们称之为颜色的扩散。

颜色的波长越短，穿过大气层就越难。其中紫色和蓝色最难穿越，由于紫色的波长比蓝色还短，所以它在天空中就应该比蓝色更多，因此我们应该看到的是紫色的天空。

之所以我们看不到紫色的天空，原因如下：

· 太阳发出的紫色光比蓝色光少

· 在太阳所发出的所有颜色当中，黄色光最强

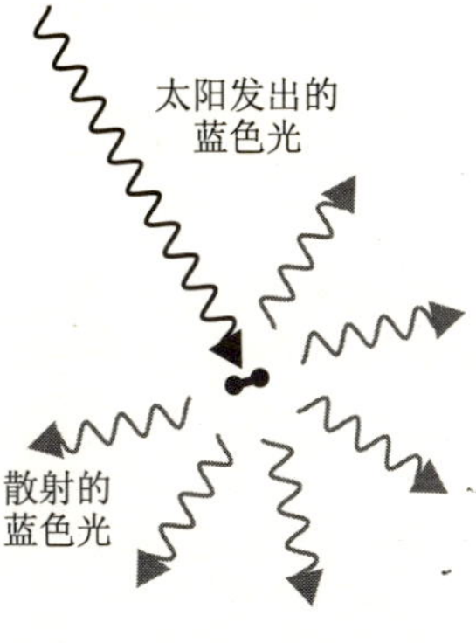

· 我们的眼睛对黄色最敏感

· 黄色与紫色重叠时就变成了蓝色

我们自己并没意识到，我们的眼睛不自觉地将黄色加到紫色中，因而在视网膜上便把紫色变成了蓝色。最后，我们的眼睛生成的蓝光和太阳本身的蓝光叠加在一起，便把天空变成了漂亮的蔚蓝色。

从地球表面上看，太阳是黄色的，而不是太空里看到的白色，就是因为大气层已经把蓝光留在了天上。如果把蓝光从白光中取出，太阳光便只剩下黄色光。

注意！眼睛千万不能不做任何保护就去看太阳！因为它的光线太强烈了，可以把眼睛弄瞎。

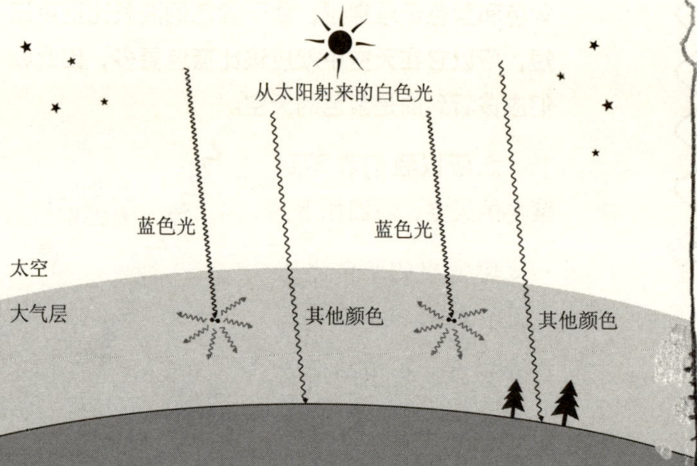

第六章

蓝莓村是在紧急情况下建成的，从房屋的简陋程度就能看出来。当年承载了米蒂尔和北方云国逃亡者的飞行云飘到大海中央的火山口上方时，云工们以最快的速度建起了村庄。

建筑师们在云的最结实处建造了四排房屋，只有那个地方的云层才能够承载一座村庄。所有的房屋都一模一样，房顶上都有一架风车。上校的房子在西边，田野在东边，一条主街道连接两边，中间是个小广场，学校就坐落在广场上。

上校的房屋跟别人的不一样，因为他们未来的女王就住在这里。建筑师将它建得尽量靠近云的边缘，这样她可以从房间里看到日落。他们甚至还在房子和云层防护栏之间辟出一片小花园，米蒂尔长大后在花园里种了些花草树木，每天自己打理。上校的小木屋就在花园里。

村民们以“众所周知的安全问题”为理由禁止孩子们到村外去玩。因此，蓝莓村的孩子们几乎从来没见过太阳落山。

不过大部分孩子并不介意，他们宁愿在广场上疯玩。提丹跟他们不一样，他有时会在田野中央的稻田里躺下来，看着大海反射着夕阳的橙色与金色。

但是米蒂尔的花园在云层的边缘，看日落要方便多了。小木屋与云层的防护栏之间有几米的距离，再远处，云就没有了，下面是天空与海洋。

汤姆与提丹坐在草丛中，看着太阳静静地消失在大海里。现在天边变成黄色、橙色与红色，晚晖渐渐消融在黑暗中。

布里吉家的铃声响了，表示晚餐时间到了。

“我得回家了。”汤姆站起身轻轻地说。

一本书从他怀里掉了出来，他扑上去，生怕是他从秘密书房里偷来的那本。

“这是给你的！”他松口气说，“解释为什么从太空里看太阳是白色的、天空为什么变蓝。我都差点忘了。”

“我也是，”提丹接过书，“不过没有用的，我永远弄不明白。”

“你总知道咱们现在的高度吧？”

“这个我可忘不了，2000 米！”

“没错！而且你还知道为什么是这个高度。因为这里的温度正好可以让从海洋上蒸发的气体变成水滴形成云。这是今

天考试第二题的答案。阿祖先生明天无论如何也改不完考卷。你还有时间，如果你需要解决别的问题，我还可以帮你。”

“谢谢！”提丹回答说。

汤姆欲转身离去。

“你说我还能在这儿待一会儿吗？”提丹问他。

“当然可以，我们要吃晚饭了，没人看见你。”

“多吃点！”

“谢谢！”

“回见！”

“回见！”

提丹一个人望着天空中渐渐出现的星星，内心有种奇怪的感觉，头脑里也产生了一种不祥的感觉，但他不知道是什么。

难道是在吊桥上的恐惧？不是，是其他事。他又想到在文件夹中看到的评语，也不是。

突然，他回忆起考试时脑袋里看见的幻觉。没错！就是这个。那幻觉看起来如此真实，他有不好的预感。“为什么我在火山口上没看到蓝莓村？”他想，“难道我搞错了岛？我看到的是另一座火山？”

他紧闭双眼再次集中起精神，希望当时的幻觉再次出现。

可他什么也看不见，漆黑一片。

他睁开眼睛盯着云层的防护栏，不可抑制地想要看看云层的下面。他得比较一下真实的火山口和他在幻觉中看到的是否一样。

他蹑手蹑脚往前走，往防护栏外探出身去，这儿的云彩既不是粉色也不是红色，而是深灰色，从云的缝隙中他看见颜色更深的大海，但是没有岛。

他想尝试翻过防护栏而不被电击中，一旦成功，他就可以小心地爬到云层最薄的地方往下看。这一切只需要一分钟

的时间。

提丹走向护栏，把袖子往下拉以保护双手，就在他刚想握住栏杆的时候——

“你想干什么？疯啦？！”一个女孩的声音响起，“那边的云可不结实！你还踩坏了我的花！”

是米蒂尔，她在房间里看到这一幕便趴在窗户上冲他喊。提丹满脸通红，赶紧跑开。

“提丹！等等！”米蒂尔叫他。

提丹没停下脚步。

为什么天空到了傍晚是红色的？

如果白天没有云，太阳光只需穿过十几公里厚的大气层就能到达地面。

对于蓝色和紫色来说，大气层里有太多的障碍，即空气分子。但是红色和橙色却不怕这些空气分子，因为这对它们而言，就和在太空里一样，可以毫无阻碍地一直往前。这些颜色一直传播到地球表面，并产生热量，只是我们不能看到这些颜色。

但是晚上，一切都不一样了。因为太阳在天边，所以倾斜的太阳光需要穿过更厚的空气层，其中蓝光和紫光在这些空气的阻碍之下，无法走完这趟长途旅行，它们完全消失了。

那么只剩下那些不怕空气分子的颜色光，红光、橙光和紫红光，当它们照射到云和天空中的水蒸气时，就能被我们看到。或者，当它们穿过大气层，再透过太空照射到月亮上时，我们也能看到。正是这些来自太阳的光线，并从地球的大气层穿过，才给位于天边的月亮染上橘黄色。

第七章

今天晚上，蓝莓村的广场上静悄悄的，可提丹从这里跑过时却有人叫住了他：

“你跑到这儿干什么？喂！乡巴佬……我跟你说话呢！阿祖先生在图书馆没找到你？”

是杰里，云总工的儿子，考完试以后自吹自擂的那个，未来北方云国的军队将领。因为提丹跟母亲一直住在村外田野中，所以杰里就老管他叫乡巴佬或是老农。

亨利——法语老师的儿子，正站在杰里旁边用小眼睛瞪着提丹。

“可恶！”提丹对着挡住他去路的杰里骂了声。

“老实交代，你在图书馆里干什么来着？”

“不关你的事！”

“就因为你没来上课，阿祖先生冲我们发火了！”亨利说，“结果我们什么也没学到，当然跟我们有关系！”

“你让我们浪费了一个小时!”杰里接着说，“这是无法饶恕的!”

杰里迫不及待地想要当将军，他觉得自己现在就是，所以总是摆出威严的架势。而且他不把亨利当作朋友，而是当作他的部下。

一阵风吹过提丹潮湿的衣服，他哆嗦了一下。

“喂！你吓傻了吧？老农。”杰里还真以为提丹怕得发抖。

“让开!”提丹喊道，脸气得通红。

“别大声嚷嚷，你会打搅别人的！我的任务之一就是不让人们受到噪音的干扰!”杰里挺起胸脯说。

“那你就应该闭上嘴，先从保护我开始。”提丹用嘲笑的口吻说。

“我可要提醒你，你母亲不是从北方云国来的，”杰里回答，“你是敌人，我不保护敌人。”

提丹退了一步。

他的同伴说：“我们不能让你这个无知的乡巴佬毁了我们受教育的机会。”

“我并不想这样，”提丹小声嘟囔，他突然失去了勇气，“我只想尽力做好。”

“那我们很快就会知道结果了，”未来的将军讪笑说，“阿祖先生今天晚上就改你的卷子。你要是再交白卷，明天他就会让你留级，这样你就不会干扰我们了。”

说完，他敬了个军礼，带着他的部下去别处查看村子是否安全。

“我才不在乎他们说什么，”提丹边给自己打气边往家走，“我不怕他们。”

可是，他其实心里很没底，现在连汤姆给他找的书也帮不上忙。他穿过广场走向稻田，在通向风厂的小路上停了下来。他的家就在一百多米的不远处。

他走出了村子，脚下的土地变得绵软。他来到家门口，却犹豫着没进去，他不想把明天就要留级的消息告诉妈妈。尽管天凉下来了，他还是离开小路穿过田野，向南走去。一直走到云的防护栏处，这里没人来打扰他。他躺下来，望着星空和月亮，回忆起小时候母亲给他讲的故事。

那是云国英雄们的故事，是国王和云上之城的故事。在非常遥远的地方，在大海的另一边，那些城市建在巨大的云层之上。妈妈给他讲述什么叫勇气与胆量，说这才是世界进步的动力。提丹就是沉浸在这些童话中慢慢长大的，听起来那里的生活多美好啊！

“我们为什么不回到你来的地方去呢？”他曾问妈妈。

“因为暴君在到处找我们。”她总是这样回答。

“为什么暴君找我们?”

“亲爱的，将来你会明白的。”

“该死的暴君!”提丹这么想着，站起身。他看着云护栏，因愤怒之极无意中用手掌拍了一下栏杆。说时迟那时快，一道极强的光在他眼前一闪，感觉肌肉突然收缩，人被击飞好几米外，落到稻田里。因为愤怒，他忘记了栏杆上是有高压电的。

“啊!”他气得大叫一声想站起身，但手疼得厉害，“傻瓜!”

他全身发冷，感觉四肢都麻木了，得赶快回家，可全身无力，他又轰然倒下。月亮已经高高挂在天上，他只好就这么躺着，好长时间胡思乱想。

第八章

汤姆在他家楼下和提丹分手后，上楼回到自己的房间去换衣服。晚餐铃声响了第二遍，他得去摆餐桌，可是他面前却摆着那本他从秘密书房里拿来的书。他一边穿衣服一边目不转睛地盯着书。

穿好衣服以后，他没有下楼去帮父母做事，而是抓起书扑到床上。他兴奋地想大唱大叫，但那样会引起别人的注意，便只能按捺住内心的狂喜，默默地看着封面。

《云间战术秘诀》，作者叫亚南·孙布纳，风力大师。

“酷毙了！”

书脊上用红字写着“五级军事秘密——国王禁令：绝对禁止流传”。

汤姆在封底看到了禁令之前的一些书评。

“这是一本奇书，充满了诗意与情感。”——罗尔·德萨布尔，西罗歌共和国云间战斗总将领。

“绝顶成功。孙布纳大师，您是位魔法师。”——《积云军队小报》。

汤姆读完书评继续往下看，忘掉了周围的一切。

地球被称作蓝色星球，然而它70%的表面都覆盖着云。

云是由大洋、地表水分和河流湖泊上蒸发的水汽所组成，在风的推动下，云会把大量的热气从热带地区带到较寒冷的地区，并以下雨的方式将水运送向地球的各个地区。

大气中的云对地球上的生物来说必不可少，但正因其力量巨大，也可被用作摧毁性的武器。

懂得云的原理的人能够控制空气与水，拥有这种能力的人被称作运水大师。

但是在那些能够呼风唤雨的风力大师面前，他们就显得微不足道了。

本书将向您讲述成为风力大师的一些基本知识。

汤姆读到这儿全身抖了一下，整个人扑倒在床垫上。“风力大师……”他喃喃自语，憧憬着未来的荣耀，“我找到这本书真是太有运气啦!”

他靠在枕头上，心咚咚跳，开始读亚南·孙布纳本人写的前言。

前言

成为风力大师的第一步，了解最基本的常识：地球上 99.9% 的能量来自太阳。

汤姆想象着地球在太空中的样子：孤独的蓝色星球，被云包围着，处于太阳辐射的热量之中。这时，他妈妈的叫声打断了他的思绪：

“米蒂尔！汤姆！你们在哪儿？吃饭了！”

汤姆假装没听见，又多看了五分钟。

只有 0.1% 的能量来自地球本身，譬如火山爆发一类的能量释放。

我们的大气环境，最初并不是我们现在所看到的样子，自从它存在以来就在不断地变化，以适应这两种主要能量。

地球大气层的变化最终在某一阶段稳定下来，地球开始成为生命的温床，即拥有可呼吸的空气以及地表的平均温度达到 15°C。

太阳与地球间形成的大气总体平衡，我们称作星球气候。不同纬度的气候差异性组成了“星球气候”，这种差异性也表现在同一纬度的不同地区。

说到能量的大小，和太阳、地球相比，我们人类的力量可以忽略不计。然而，我们却有足够的能力打破和改变这一经过数亿年才形成的平衡。换句话说，我们有能力改变地球的气候。

要知道，如果我们运用某种智慧，就可以掌控气候。而第一个掌握这种技能的人，就拥有了人类有史以来最厉害的战争武器。

一位真正的风力大师就能实现这一点。

亚南·孙布纳　风力大师

汤姆的心疯狂地跳着，他父亲的声音却将他拉回了现实：“汤姆！我就知道你在这儿！赶快下楼！晚餐准备好了！”

“我就来！”

汤姆从刚才文字带来的激情中回过神来，跳下床赶快跑下一楼。这时他才突然记起今晚的客人。他真是忘得一干二净！

布瓦卡先生、阿祖先生、贝尔校长都已坐在餐厅里。汤姆默不作声地在米蒂尔身边坐下。

“你至少应该说声‘晚上好’吧？”他母亲提醒他。

“晚上好！”汤姆说。

“晚上好！”老师们回答他。

布里吉太太说：“来，趁热吃吧。”

汤姆的爸爸看上去情绪不太好。汤姆不敢抬头，他想肯定是因为旷课要挨训了。

桌上鸦雀无声，上校没动盘里的食物。终于，他开口了。汤姆赶紧低下头闭上眼睛。

“我今天晚上把你们请来，”他父亲环顾客人们说，“是因为我收到了国王的消息。”

他转向米蒂尔和汤姆。

“米蒂尔，我们吃完饭再讨论你父亲的信。现在，我要你和汤姆仔细听好我们接下来要说的事，因为世界的形势改变了。”

米蒂尔和汤姆抬起头。

“我们等国王的消息有很长很长时间了，因为候鸟们一直没有出现。今天早上终于来了，晚了两个月。阿祖先生，您对此有何解释？”

老师清了清喉咙擦擦嘴说：

“很多因素能够改变候鸟的行为。冬天，离赤道越远的地方，白天就越短；而鸟儿们要去热的地方寻找光线和能量，因此……”

“请直奔主题，阿祖先生。”上校打断他。

“好的上校。候鸟的迟到说明季节变了。春天来得比往年早，冬天来得迟，并持续时间短，这样气候会变得更严酷。”

老师清了清嗓子，有点难过地看着米蒂尔继续说：

“因此，我们有可能再也收不到外边的消息了。候鸟迁徙的路线被暴君改了道。候鸟将不再从这里飞过。”

“谢谢您阿祖先生，”上校接过话头说，“布瓦卡先生，现在您来说说，您是否观察到空气中有什么变化？”

第九章

米蒂尔和汤姆一直静静地听着，这时将目光转向布瓦卡先生。

“空气中的变化？上校，我没看到。我只看见有几朵不祥的白云从东边飘过来，但我是惟一看到的人。您知道，在气象学上，一个人的观察是不可信的，假如有另一个人就不一样了。因此，目前这个现象不能说明什么。”

“您不知道候鸟为什么不从咱们这儿过了？”

“我知道，上校。我们的大气层中有些成分已经改变了。”

“您能说得具体些吗？”

“我很遗憾，上校，现在还不行。但这应该与温室效应有关。”

“谢谢您布瓦卡先生。贝尔校长，您想补充什么吗？”

“上校，我们蓝莓村不再安全。”

“正是。”上校说完转向他太太。她坐在桌子的另一头，米蒂尔的旁边。她正全身发抖，开口说道：

“你们觉得有必要在孩子们面前讨论这些吗？”

“米蒂尔和汤姆不是孩子了，”上校反驳说，“我们在建造蓝莓村时所担心的事终于要发生了。我们处于危险之中。加之，候鸟不再从我们这里经过，我们就与外界完全隔绝了。我们将永远困在蓝莓村。”

“十二年的逃亡，结局是永远走不了……”贝尔校长喃喃说。

另两位老师悲哀地看着她，低下了头。

好一会儿没人说话。米蒂尔嗓子发干，抬起头望着上校说：

“我父亲在信中讲了什么？”

“用完餐我们再谈。”上校回答。

米蒂尔看得出来上校和其他客人一样都很不自在，他们躲着她的目光，肯定是有什么瞒着她。

“求求您了……”她对她的养父轻轻地说，“告诉我……他出了什么事？他……”

米蒂尔没说完话，一桌子人全都默默无言，也没人吃饭。大家的目光转向上校，他叹了口气。过一会儿，他开口说：

“你父亲告诉我们，暴君现在拥有一种可怕的武器。国王认为现在打败他是不可能的，所以他放弃了夺回北方云国的计划。”

“那我父亲要来跟我们会合了？”米蒂尔充满希望地跳了起来。

“不，米蒂尔，你父亲受了重伤。他从一片云上掉了下去，落在地球上。我非常抱歉。”

“噢!”米蒂尔呻吟着，用手捂住了嘴。小公主的眼泪从脸上流下来，身体晃了晃，瘫倒在椅子上。客人们跟她一样，惊得一句话也说不出来。

“他会死吗?”她哭着问。

“不知道,”上校回答,“我们跟外面的人完全隔绝了，无法获得消息。”

“我们一定要找到他！”米蒂尔说，“得去救他呀！”

上校没回答。女孩跟其他人一样明白，他们被困在蓝莓村了。云工们没能修好飞行云的马达，他们曾说过：“主件掉进海里了，而我们没有备件。”

布里吉太太悄声抹眼泪，老师们鼻子发酸，小公主的痛苦冲击着他们的内心。为了他们的国王，他们跟着米蒂尔逃亡了十二年。这十二年来，他们一直希望回归故土，回到北方云国，现在他们的梦想破灭了。

汤姆打破了沉寂，悄声说：

“如果暴君的队伍打过来，万一他找到我们，我们该怎么还击？”

“汤姆，这个我们以后再讨论。”上校说。

“得找到我父亲，得给他治伤！他需要我，我们不能……”女孩子又说道。

布里吉太太站起身抱住她。

过了一会儿，上校递给她一个写了她名字的信封。信上盖着北方云国的皇家印章，字迹是她父亲的。这是她收到的第九封信。米蒂尔接过信跑出门。

布里吉太太含着泪想追出去，但公主跑出去时带上了门。

“到我书房来，”汤姆爸爸对客人们说，“米蒂尔会回来的，到时我们再转告她。”

老师们随他走了。

汤姆一个人待在大餐桌旁，桌上的食物没人动过。

他开始收拾，心想米蒂尔现在不知有多难过。但他了解她，知道在她读父亲来信时最好别打扰她，之后他可以再找她谈。趁这时还不如看他的书让自己强大起来，不管北方云国国王是否放弃，他的未来不会改变，他的决心已定！

“别管了，”母亲回到餐厅对他说，“我来收拾。你回房间去吧。”汤姆扑到她怀里。

“你要好好照顾米蒂尔，答应我，好吗？”妈妈吻着他说。

“好的妈妈，我答应你。”

过了一会儿，透过他房间的窗户，汤姆看见米蒂尔正坐在长椅上，他快步跑下楼想去陪陪她。

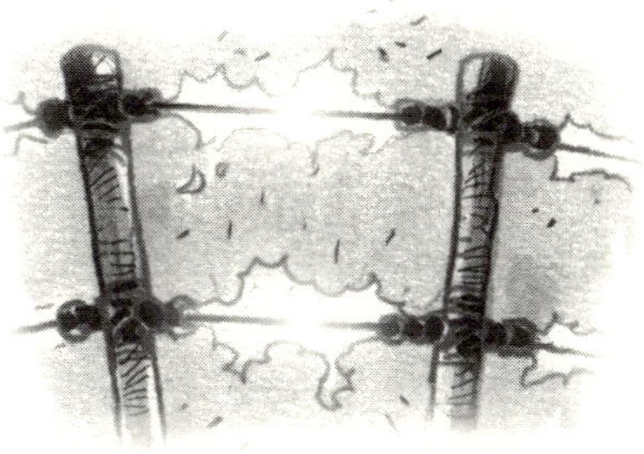

第十章

还在米蒂尔懂事之前，蓝莓村的村民们每天都告诉她，她是一位公主，一旦她成为女王，就要管理一个国家。尽管北方云国的国土面积不大，但她的责任将是巨大的。

后来米蒂尔长大了，她意识到村民们对她寄予的厚望，就是向暴君复仇，那时她才七岁。从那时起，她就不愿成为女王。

她的王国总有一天要被攻打，一想到这就令她痛苦，她为那些不相识的人将要受到的苦难而难过。她不愿打仗，但她知道没有选择。米蒂尔总想向别人解释，说她希望跟普通人一样，但她能跟谁说呢？蓝莓村完完全全就是为她而建的！

这里有云工、面包师、农民、建筑师和教师。当初他们为了保护她、教育她而选择了逃亡，选择了与世隔绝。就算是上校，虽然抚育了她、教育了她，但她也不能跟他说这些，因为他的任务是保护她，让她成为未来的女王。

米蒂尔的同学们都知道她是未来的君主，所以也不可能和她做朋友。她知道同学们都羡慕她，但她不知如何向他们解释，她根本不愿当这个名存实亡的女王！

然而现在一切都变了，蓝莓村村民们很快就会知道他们再也回不到北方云国了，米蒂尔也不再是女王。但公主并不因此而心安，父亲给她写的话回响在耳际。

他并没有提到自己的身体状况，也没问她是否一切安好，连一句安慰的话都没有，只是命令她逃走，并服从命令。

“万一暴君找到了你，我的女儿，他会杀了你。我要你逃走，不惜一切代价。布里吉上校知道这件事，他会帮你。你要像服从我一样服从他。”

坐在她为村庆漆好的长椅上，米蒂尔想起了飞行器，就是带着提丹母亲来到蓝莓村的那架机器。上校给她看过，现在飞行器修好了，完全可以飞行。她的保护者们把机器藏了起来，好在紧急情况下让公主逃走。他还教会了她如何操纵飞行器。

米蒂尔心想，借助这台飞行器她就可以找到父亲，但她放弃了这个想法。人们虽然把她教育成了一位公主，但她也知道，和蓝莓村的所有孩子一样，她对外部世界一无所知。

从屋里走出来的几位村民打断了她的思绪，她想也没想就站起身，向村子的另一头走去。来到稻田边，她站住了，从这里可以看见德拉克家微弱的灯光，像是一颗星星掉在了黑色的夜幕中。

米蒂尔转身想回村，她犹豫了一下，又返身走进绵软的稻田中。她不怕，只要还在防护栏内，她就没有掉下云层的危险，她担心，只是因为她知道这里是禁地。

这是米蒂尔一生中第一次自己作出的决定，不是按照父亲、上校或村民们的要求，而是她自己，这个决定就是去稻田里看望提丹和他的母亲。村民们对这位神秘的母亲一直充满敌意。

自从德拉克太太来到他们的云层，只有上校才能时不时来看望她。可是他从来不向任何人谈起他们谈话的内容。

走上田埂，想着村民们对她的说法，米蒂尔觉得提丹的母亲一定非常可怕，即使只是黑暗中的一瞪眼，也能让男人都惧怕不已。

走到一半，一阵风把金色的稻田吹得波浪起伏，轻轻拂过公主没有知觉的手指。米蒂尔站住想：“假如是真的，假如德拉克太太真是女巫呢？”

继而又想：“不会，那些人是乱说的。如果她真对我有威胁，上校绝对不会让她留下来。”

她看着那座简陋的小房屋，房顶上的风车太小了，她不知道这家人如何用这么小的风车来取暖和照明……

尽管米蒂尔因父亲的缘故有些伤心，但她感觉出奇得好。远离村民，她像是卸下了一个沉重的负担。

米蒂尔走近德拉克家的窗户，想知道提丹是不是在家。

突然，田野里传来一个很大的声音把她吓了一跳。

她猛地站住，准备随时撒腿就跑。她慢慢走近稻田，借着月光，看见几米外的稻田中央被压出一个大坑。她走近一看，中间躺着的正是提丹。提丹全身颤抖，咬着牙握住左手。

她扑向他。

“提丹！你在这儿做什么？你怎么全身都湿透了？你的脸色怎么这么白？出什么事了？”

“我……我……冷……”他哆嗦着，牙齿直打颤。

米蒂尔把他扶起来说：

“来，我送你回家。”

黑夜里的星星后面藏着什么？

我们的宇宙是在 137 亿年前形成的，就是我们称为宇宙大爆炸的那个时刻。那时，既没有太阳，也没有月亮和星星。

大爆炸之后，由于宇宙变得密度太大，温度太高，所以里面的一切物质都燃烧成了强光。

之后宇宙涨大了，温度也逐渐降低。

由于温度越低光线就越暗，所以我们的宇宙便不那么亮了。30 万年以后，宇宙就变透明了，光的温度是 2700 摄氏度。

今天，经过了 130 多亿年的冷却，现在的宇宙已经非常冷了，温度是零下 270 摄氏度，就是说 130 多亿年的时间，温度一共下降了 3000 摄氏度。

物体在零下 270 摄氏度所发出的光，人的肉眼是看不到的，因为我们的眼睛没法识别出这类光。但是望远镜可以替我们看到，由此我们知道，宇宙的黑暗并不是我们想象的那么黑，里面藏着大爆炸时留下的光，即大爆炸 30 万年以后，宇宙变透明时以 2700 摄氏度所发出的光，这个光自远古以来一直在向我们移动，并布满整个太空。

晚上我们在观看星空的黑暗时，其实是在看我们宇宙的源头，尽管我们自己并不知道。

第十一章

房门一打开，米蒂尔倒吸一口气愣住了。

站在她面前的是一位她从未见过的、异常美丽的女人。她的皮肤如此细腻，似乎连拂过她的空气都变得温柔起来，细丝一般的褐色头发自然地垂到肩膀，蓝眼睛照亮了她和蔼的面容。

“提丹！”她叫了一声把儿子抱在怀里，“你全身都湿透了！”

“妈妈，晚上好，”提丹哆嗦着跟她打招呼，“我把手弄伤了。”

德拉克太太扶着他走到床边，给他换上干衣服。米蒂尔仍站在门口，不知道该说什么好。

“进来吧，米蒂尔。”提丹的妈妈热情而温柔地招呼她。

女孩走进来关上门，环顾了一下这座小房子的内部。其实只有一间房，左边的床上躺着提丹，透过床上方的窗户可

看到村外的灯光。她的对面是一张桌子和两把椅子，后面是小厨房和水池。右边是房子的第二扇窗，可以看到田野，和一条通向云层中央风厂的小路。

米蒂尔看着德拉克太太跪在儿子身边检查他的手，房间的简陋更显出她的迷人。提丹的母亲散发出一种特殊的气息，令人油然而生一种无条件要立即亲近她、跟随她、听命于她的愿望。米蒂尔心中叹口气，不知为何村民们要把她描述得那么可怕。

她的目光落到提丹身上。他脸色惨白，额头上渗出豆大的汗珠，眼睛都睁不开了。这时她才注意到，他手心有一道深深的伤痕，看得她心疼至极。

德拉克太太说："不要紧，赶快包扎一下就行了。米蒂尔，你能帮我烧点热水吗？"

米蒂尔用眼睛搜索了一下，看见烧水壶正好就在厨房的小桌子上。她跑过去装满水，放在热水器上。

"在那边架子上，"提丹母亲继续说，"有个装满叶子的深绿色小瓶子，帮我拿过来。"

米蒂尔拿起瓶子交给德拉克太太，又跪在她身边。年轻母亲把几片叶子敷在伤口上。确实伤得很严重。

米蒂尔心想："他怎么会把自己伤成这样？在我家花园里

他并没有碰到电栏杆呀……”

德拉克太太说：“在咱们的云层上，只有电栏杆能把人伤成这样。他肯定是不小心碰到了。”

“一定是他又想越过去！”米蒂尔心想，“他这么乱来非得出事不可！”

德拉克太太看到她的表情就问：“你觉得他不是不小心碰到的？”

公主不由得一惊：“她能读懂我心里想的！”

“是不小心，”提丹半醒半睡嘟囔起来，“我好傻……”

水壶响了，德拉克太太起身提起水壶。

“在咱们这个高度，”她说着把水倒入钵中，“水在 95 摄氏度就能开。假如蓝莓村建在更高的云层上，要想消毒，水就不够热了。米蒂尔，你记住，要想包扎伤口，一定要先消毒器具。”

提丹重新睁开眼睛看着米蒂尔。

“她不会读懂你心中的想法，只是会观察你的表情。在这方面，她可厉害了。我……我，非常抱歉，我踩坏了你的花儿……”说完，他又闭上了眼睛。

米蒂尔有点不知所措，也不敢再想什么，只好控制自己的表情。

“你想学习包扎烫伤吗？”德拉克太太问她。

米蒂尔点点头，提丹母亲走向一个小柜子，里面全是装满了干花、叶子、种子和干枝的小瓶子。她拿起三个瓶子，把里面的东西倒了一些在钵子里，再用槌子捣碎。

米蒂尔身子抖了一下，她突然回忆起童年的一段往事，那是布里吉上校哄她睡觉时给她讲的故事。

他几乎每天晚上都给她讲北方云国的故事。他说：“你一定要了解我们国家的历史，因为一个国家的精髓就在她的历史和文化中。你必须了解我们的文化，理解你的子民，并正确地领导国家。”

上校是个优秀的军人，他向她详细地解释过国王部队所参与的几次重要战役。米蒂尔当时并不喜欢仅从战争中了解一个国家的文化和历史，但她仍然仔细倾听，因为上校讲完战役，总要讲一些穿绿衣和蓝衣的女人。米蒂尔最喜欢听这些女人的故事。

这些女人神奇般地出现在战场上去救治伤员，哪怕是最偏远的战场。她们不作评判，不管谁胜谁负一视同仁。一旦完成任务，她们就像来时一样，静悄悄地离去，而伤员们又都重返战场。

上校在讲述这些神秘女人时，神情中充满了真诚与尊重，好像她们都是女神："她们给战士们送来温情，动物之间也是要打仗的，但只有人类才能像救治朋友一般去救治敌人。"

米蒂尔跪在提丹旁边，心想着这些女人，眼睛一刻也没离开德拉克太太。提丹的母亲会不会曾是她们当中的一员呢？是不是因为这个原因，布里吉上校才要保护她？

德拉克太太抬起蓝眼睛望向米蒂尔，两人对视了几秒钟。德拉克太太的嘴角露出笑容，因为米蒂尔不自觉地把手放在了提丹的手上，而提丹已睡着。

之后她给米蒂尔看钵里的东西：

"我放了一些我家乡的植物和花。"

"您是从那边带过来的？"

"不，是我自己种的。"

"在这儿？在蓝莓村？"

"是的。"

"这些植物能治好所有的伤吗？"米蒂尔这样问是因为想到了自己的父亲。

"这些药都是从植物中采集的，如果对症下药确实能治疗许多伤痛。但是很遗憾，有些伤是无药可治的，还有一些侵入人心的疼痛也无法医治，因为发现时通常已经太晚了。"

德拉克太太的脸色阴沉下去，好像这些话令她想起不愉快的往事。

“你想试试看吗？”她问米蒂尔。

女孩拿起小钵和槌子开始捣里面的东西，几分钟之后，变成一团泥。米蒂尔从中挖出一点，掀起提丹伤口上的叶子把药涂抹上去。

“你给伤员治过伤吗？”德拉克太太问她。

“没有啊。我弄得不好吗？”女孩子惊问。

“正相反，我的小公主，你很有天分，做得好极了。”

“我想成为像您这样的人……”米蒂尔脱口而出，但立刻就后悔了。

就在这时，提丹在睡梦中笑了。他在做梦。

“米蒂尔……米蒂尔。”他说着梦话。

公主一下子红了脸，德拉克太太也笑了。

“他会很快好起来吗？”米蒂尔问。

“明天早上就全好了，”提丹的妈妈回答，“这都是你的功劳。”

她停了一会儿又说：

“今晚你来我家有事吗？”

“我……”米蒂尔嗫嚅着，“我是……我是来帮助提丹的。我看见他在……”

“我看见你向这边走过来，那是在你发现他之前。米蒂尔，告诉我，你为什么来我家?”

“我……我不知道。一开始，我并没有想到您这里来。”

提丹的妈妈站起身，提起装满水的水壶。

“你喜欢喝花草茶吗?”

“糟了,”米蒂尔惊慌地想，“她肯定想跟我谈父亲。”

第十二章

德拉克太太在公主面前坐下，杯子里的香甜气息直窜米蒂尔的鼻腔，她被包裹在异国情调中。就在这一刻，从未离开过蓝莓村的她似乎走进了一个未知的国度，飞翔在火红的云彩上，而上面建有一座水晶城市。

等回过神来，她感觉前所未有的清醒。

“你知道蓝莓村是为你而建，是为了保护你不受暴君的欺负，是吧？”德拉克太太开门见山地说。

上校可从来没这么直截了当地说过话！米蒂尔不知道自己是否应该继续听下去，但是她当然明白自己就是众人跟随的原因，没准德拉克太太也是为她而来。她点点头。

“好，”提丹妈妈继续说，“你知道这是为什么吗？”

她温柔的嗓音赶走了米蒂尔的恐惧。她盯着茶杯低声回答：

“因为我的父亲。”

“没错，不过主要还是因为暴君。你知道我为什么能够在这里种植我的花草吗?”

米蒂尔没想到她会提这样的问题，只呆呆地望着她。

“地球上空的云含有许多水滴，水滴包裹着极为细小的灰尘，或者叫做尘粒。有些灰尘很有营养，可以让植物生长，所以说，我们的云是有养分的，也因此我们在这里可以让任何植物生长。但也有些水滴中的灰尘是有毒的，会毒死植物破坏环境。你父亲所在国度的夜间珍珠云就是这种，尽管它们的名字很好听，但却是毒云。”

米蒂尔点点头，她以前听说过，学校里也学过。德拉克太太继续用温柔的声音讲述，好像想把一件痛苦的事讲得委婉一些。

“大部分珍珠云是自然形成的，自然界一直有这种云。在与暴君开战之前，你父亲很早就注意到，这种毒云一年比一年多，因此他组织专家们研究。很快他们发现，这些毒云的形成，是因为中央王国的暴君有意在大气中播撒了毒灰尘。”

“就在你出生之后，你父亲决定去向云国联盟最高议会反映这个问题。但半路上他就遭到暴君的袭击，并被关押了起来。”

“我知道……”米蒂尔小声说。

“他成功出逃了。几个月以后，就在上校带你离开不久，两国之战打响了。其实只打了一场战役，战况非常惨烈，暴君的部队消灭了你父亲的军队。那是十二年前的事了。只有国王和几位战士幸存了下来。自那以后他们就转入了地下。你父亲好几次想重组军队，但都没有成功。”

“您为什么要给我讲这些？”米蒂尔问。

“因为你父亲此次给上校写的信改变了许多事情。”

米蒂尔睁大了眼睛，心想：难道她也知道这事？

德拉克太太点了点头。

“是的，米蒂尔，我知道这件事。我还知道你父亲在信中命令你必须做的事。”

“可……您怎么能知道？”

“是上校告诉我的，国王告诉了上校他写给你的内容。”

米蒂尔感觉自己一下子失去了力量，她再也止不住眼泪。提丹的母亲把她搂进怀里。

她轻轻地说：“没人能够选择父母，你的父亲是一位勇敢的国王，他敢于用自己的性命去换取后代的安宁。他虽败犹荣。也正因此，他希望你能够逃走，保住性命。”

“可我不想逃跑！”米蒂尔叫道，“我也不想打仗！”

“我知道，很久以前我就知道了。米蒂尔，你还是个孩子，你不能失去希望。不管大人为你做出了什么选择，你都没有义务照着去做。只有你知道自己是谁，尽管你没有国土，但你知道公主的头衔对你意味着什么。没人能够代替你的位置。如果需要，我会帮助你。”

米蒂尔眼下只有一个愿望，就是找到父亲，帮助他脱离困境。于是她问：

“您能教我治病吗？”

“行，我可以教你这个。”说完德拉克太太把头转向大门，像是听到外面有声音。

“你认识的什么人来了。赶快擦干眼泪。”

“我……”米蒂尔刚开口就闭上了嘴，有人敲门。德拉克太太去开门。

“晚上好，西蒙。”

“晚上好，凯，”上校低下头进了门，“我们得好好谈一谈，事情紧急。提丹在家吗？”

当他抬头看见米蒂尔时，愣住了。

“你在这里做什么？”他问道。

“我儿子受伤了，”德拉克太太在女孩开口之前抢着说，“是她把他扶回来的，我给她冲了杯花草茶表示感谢。”

上校又转向提丹，后者睡得正香，手上包了好多治伤的草药。

“米蒂尔……”上校轻声问，“你看了你父亲的信了吗？”

“看了。”

“你愿意谈一谈吗？”

米蒂尔点了点头。

“那就赶快回家，布里吉太太急得到处找你。我们明天还要商讨具体的撤离方案，好吗？”

米蒂尔点点头转身向门外走去，她的眼泪已经干了。

“我送你出去。”德拉克太太说。上校走到床前看了看提丹。

“我能问您一个问题吗？”一出门米蒂尔就问。

“孩子，你说。”

“上校跟我说过，只有两个人能够坐上您的蜻蜓器逃跑，他没说除了我还有谁。但我知道不是他，是不是您？”

提丹的母亲犹豫着是不是应该告诉她。

“求求您了，告诉我吧。”公主坚持。

“不是我，”德拉克太太终于说，“是提丹。”

“提丹？”米蒂尔惊呼道，“为什么……”

她没来得及说下去，上校已来到门边。

米蒂尔只好带着心中的疑问离开了。她没看见藏在稻田里的汤姆，他听到了刚才两个人的对话。

第十三章

第二天早上，蓝莓村在寂静中醒来。天空湛蓝，只有几道半透明的线状云迹。太阳刚刚达到蓝莓村的云层高度，照亮了房屋上的风车。

阿祖先生慢慢地往学校走去，他在沉思，没有往天上看。昨天收到的国王信息令他彻夜未眠，他只好一整夜批改学生的考卷。现在他想着蓝莓村的未来。他想：

“除了上校以外，我们这里没有一个军人，也没有武器。现在我们与世隔绝了，只有自生自灭，但愿暴君永远找不到我们。”

走到村中央广场，他向来得早的几个学生走过去。他们在等待着学校开门。

“我要改变一下今天讲课的内容，跟他们谈谈世界、星球、自然。这样至少可以让他们了解未来，知道地球是很脆弱的，万一他们当中有谁能幸存下来，可以向别人传授这些知识。”

阿祖先生绕过学生走进学校大门，又关上门。上课之前，他需要几分钟时间一个人安静地待着。

教室里，太阳把黑板和座位的椅背照亮了。他站到窗口，望着风把稻田吹得波浪起伏。

上课铃响了，孩子们冲进学校，跑到楼道尽头。高年级生和低年级生分别进入各自的教室。

“同学们好！”阿祖先生从提包里拿出改好的卷子。

“阿祖先生好！”孩子们站起来齐声说。

“请坐。”

除了杰里和他的手下，没人想到老师这么快就把考卷改出来了。大家都坐下来，眼睛紧盯着讲台上的卷子。

坐在第一排的学生已经不耐烦地开始跺脚，他们急着想知道自己的分数。这时的气氛越接近后排越多的是担忧，尤其是最后一排。提丹通常是坐在最后排睡觉的。

但提丹现在还没有来，他的位子是空的。汤姆坐在第一排，为提丹担心的他不停地望着门口，盼着他的朋友进来，他的脑子里总想着昨天晚上在德拉克太太门口听到的对话。他心里重复着：“只有两个人能够乘飞行器逃脱：米蒂尔和提丹。”

汤姆和米蒂尔一起吃早餐时，他紧张地观察着她，心想：她会不会告诉我呢？可她一直不说话。最后是他忍不住问道：“昨天晚上你干吗了？”

她没回答，汤姆想到了最坏的结果：“他们肯定要丢下我跑掉！”

他们一起往学校走，他心事重重地看着她。似乎自昨天晚上起她就有些变了，她的心里仿佛卸下了某种沉重的东西。他没再多问什么，决定一有机会就跟提丹说这事，而且绝不能让他们离开他的视线。

“绝不能让他们抛下我跑掉！”他一边想一边看着教室的门，同时奇怪提丹这会儿怎么还不来。

教室里静悄悄的，阿祖先生背着手在讲台上走来走去，最后在讲桌边停住，手放在那摞考卷上开口说：

“在发给你们考卷之前，我想提醒各位不要忘记来此上课的目的——你们需要了解自己所生活的这个世界！你们知道，自然界是十分强大并具有破坏性的。人类总在寻找保护自己的办法，比如盖房子住。但是今天，许多东西已经让地球处于比以往更加危险的境地，这种现象是从十几年前才开始的。”

老师扫了眼面面相觑的学生们，继续说：

“你们知道，从前的地球不是现在这个样子。其实这也是好事，说明这个星球在运动，在演变，在随着时间变化，不断适应我们强加给它的东西。你们当中有没有人听说过温室效应？”

杰里举起了手。

“杰里·莫尔松。”

男孩子刚想开口说话，楼道里响起沉重的脚步声，最后停在了教室门口。所有的脑袋都转向门口。门把手轻轻转动，

门终于打开，同学们看到满头乱发的提丹站在那里，可他似乎还没睡醒。全班哄堂大笑。

“对不起，布瓦卡先生，我起晚了……怎么，您不是布瓦卡先生？现在几点了？已经是下午了？”

“回你的座位坐下！”阿祖先生命令他，他一看见提丹就气不打一处来，“我现在不想听你说话，别让我知道你坐在这儿，明白吗？”

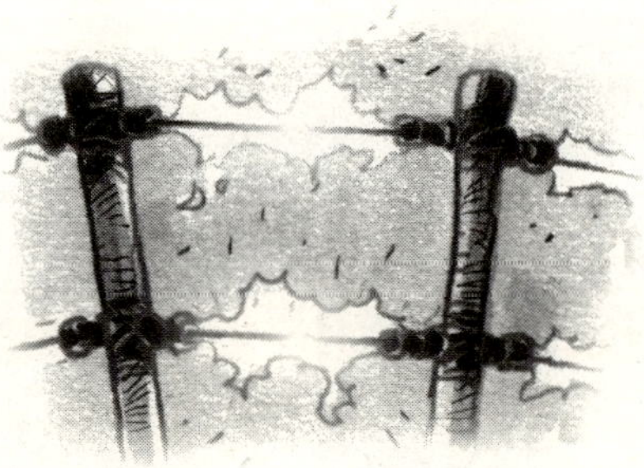

第十四章

提丹悄悄跟汤姆打了个招呼，然后坐下。米蒂尔看了他一眼，发现他的手已经好了。坐在汤姆旁边的杰里很生气，他觉得这点处罚对提丹而言真是太小了，很久以前他就觉得提丹应该滚回家里跟他妈一起去种地。

“刚才说到哪儿了？”等一切恢复正常，阿祖先生说，“噢对了，地球……温室效应……”

他伸直手臂指向窗外继续说：

“从这里看，我们的大气层似乎延伸了很远，直到宇宙的尽头。但事实并非如此。大气层的厚度与地球的大小相比，真是难以想象的薄。这样说吧，这个五十公里厚的空气层，要提供给我们呼吸所需要的空气，要保护我们不受太阳直射，还要阻挡宇宙里所有的危险物体；没有这个空气层，我们就不能生活在这个星球上。”

阿祖先生停顿了一下，让学生们好好咀嚼最后一句话。

他要让所有人都明白他想表达的意思。虽然是早上，但是学生们就像晚间围在火炉旁听故事一样聚精会神，只有提丹睡着了。

“太阳周围有八个星球围着它转，”阿祖先生继续说，“其中四个非常巨大，与地球完全不一样，它们的主要成分是气体，中间有固体核心。我们管它们叫做气体巨星，分别是木星、土星、天王星和海王星。这四个巨星是太阳系里最远的星球。但是夏夜里，我们肉眼可以看到两个最大的，即木星和土星，它们反射太阳光，比其他星星都亮。太阳系的其他四个星球都是由岩石构成的，要小得多，分别是水星、金星、地球和火星。它们离太阳近得多，会受到太阳的有害辐射，只有大气层才能阻止这种辐射。”

“老师！”杰里插嘴。

“什么事？”

“老师，温室效应……我要不要回答这个问题？”

假如是班上别的学生这样问，一定会遭到耻笑，但杰里不一样，谁都不愿得罪他，所以没人吭气。

“不用了，”老师说，“我正在解释这个问题。你最好仔细听，因为这与暴君攻击地球所使用的武器有关。”

孩子们一下子紧张起来，因为还从来没有一个老师在课上跟他们提到过暴君的事。

“为了让你们明白地球所面临的危险，我要跟你们谈谈科学家们长期以来所研究的两个星球，火星和金星。火星很久以前就已经失去了它的大部分大气层。是太阳风——或叫带电粒子流——和其他放射线将它的大气层破坏并散发进了太空里。因此，太阳光能直射火星表面，就算这个星球上曾经有过生物也不会生存到今天。由于它没有足够的大气层来留住太阳的热量，所以它的气温是零下125摄氏度。”

“就是说火星上没有生命？”亨利问道。

“并不是这个意思。事实上，我们不知道火星上究竟有没有生命。完全可以有，比如藏在火星的地底下。肯定不是人类，这个我们知道，但有可能是细菌。要想了解具体情况，必须向火星发送运载机器人卫星，当然最好是有人亲自去。”

“老师，我们有这个能力吗？”另一个学生问道。

“有的。”阿祖先生说，“这个我们以后再说。现在我跟你们讲讲金星，它的大气层跟火星正好相反。我们所认识的所有星球里，金星跟地球是最相像的，至少大小相近，就像是地球的孪生姐妹。它的大气层在时间的长河里经受了各种太空辐射，天空布满了细小粒子、分子和灰尘，可以留住太阳的热量。但是金星上的空气是酸性的，很重，重得把人类运送过去的所有东西都压在了地上。金星上的平均温度是 464 摄氏度，白天和夜晚温度相差不大。这个星球是个地狱，完全不能生存。”

他停顿了一下，接着说：

“有谁知道地球为什么跟这两个星球不一样？”

亨利举手示意，但当他看见杰里也想回答时就放下了手。没人敢再举手。

“老师，因为地球在金星和火星之间，”未来的将军回答说，他还不知道不再有国土需要他来捍卫和保护了，“加上地球的大气层有温室效应，所以热量可以进来并被留住，这样温度不会太热或过冷，既可以保护我们，又给我们高质量的能量。”

“说得不错，”老师夸奖道，“地球的大气层与太阳形成了一个完美的平衡，所以我们的星球不至于像金星那样成为火炉，也不会像火星那样是冰球。地球表面的平均温度为 15 摄氏度。在这样的温度下，水有液体、固体或气体三种状态。在我们所了解的所有星球里，只有地球拥有这种无与伦比的特性。你们都知道，云是由水、水蒸气和冰晶所组成的，水的三种状态都在里面了。”

亨利又举起了手。

“亨利，有什么问题？”老师问。

“先生，您说的这些跟暴君有什么关系？”

“暴君正在增加温室效应，以此来破坏大气层。亨利，这很严重。”

“先生，为什么很严重？”

“因为破坏了大气层，就破坏了我们与太阳的平衡，一切都将乱套，直到达成新的平衡。而我们并不知道新的平衡如何达成，这一过程很可能是非常残暴而危险的。风会变得很凶猛，甚至可能会出现异常强烈的暴风骤雨。”

“先生，他为什么要这么做？”米蒂尔问。

“这个我们还不清楚。”

汤姆摸了摸他一直藏在身上的那本风力大师写的书，他知道暴君为什么要这么做，是为了改变气候把它用作打仗的武器。

突然，教室最后一排发出一声巨响，把全班吓了一跳。原来是提丹，睡着了的他从椅子上摔倒在地，全班同学哄堂大笑。他糊里糊涂地站起来，还不知道自己身在何处。

“德拉克！”阿祖先生气坏了。

“出了什么事？”提丹摸不着头脑，正用目光寻找汤姆，“我的床呢？”

“够了！”老师终于暴怒，气得脸都变紫了，“德拉克，你是我们全村的耻辱。而且，你也是科学的耻辱！给我滚出去！布里吉，带他到校长办公室，马上就去！我今天再也不要看到他！”

温室效应

> *二氧化碳*
>
> *一切以石化燃料作为能源的事物，诸如各种汽车，都在不停地向大气排放二氧化碳。*
>
> *这些二氧化碳一部分由植物和海洋所吸收，另一部分则保存在大气层里，可以存留一千年以上。*

如果没有太阳，地球上的温度就会跟宇宙一样：大约零下 270 摄氏度。

太阳光照射地球时，由于地表的性状不同，地球吸收热量的多少也就不一样，因此地球上各个地方的温度就不一样。比如说，同一时刻，北极是零下 70 摄氏度，而在沙漠里则会达到 50 摄氏度。假如我们把地球上的温度平均一下，那么应该是 15 摄氏度。

其实，太阳本身只能把我们的星球加热到零下 18 摄氏度。也就是说，比我们所感觉到的温度要低 33 摄氏度！

为什么会有这样的差别呢?

因为地球拥有一个大气层，能够吸收太阳的能量，把它变成热能，并将其中一部分保留在地表附近。这就是我们所谓的温室效应。

如果没有这个自然存在的温室效应，那么水将结冰，我们所了解的生命肯定就不会出现。但是，为了让地球保持这个舒适的温度，就应该让吸收的热量等量地散出去，否则如果散失的多了，那么地球的温度会降低；留下的多，地球则会升温。

地球大气层里最多的两种气体是氮气和氧气，它们的数量多少对热量的增减没有太大影响。然而，甲烷、二氧化碳和水蒸气则能帮助热量进入大气层，并且不散发到太空里。这些气体会造成温室效应，尽管数量很少，但它们影响巨大。

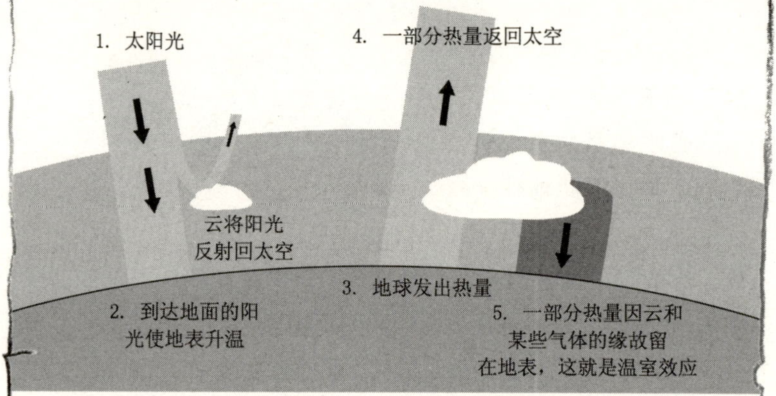

科学家们在北极安置了观察站点，从地下几公里处抽取冰的样本。他们研究冰里的小气泡，这样就可以知道 50 万年前的空气成分。

他们得出的结论是：大气层存在 50 万年以来，从来没有像今天这样拥有如此多的温室效应气体。

我们知道这些气体改变了大气层的能量守恒原则，这一切都是人类造成的。

气候变暖需要一定的时间才会产生作用，而我们是从现在才开始感觉到这些恶果，它们正在慢慢影响我们的生活。

第十五章

“我不要去校长办公室！”提丹一到楼道里就跟他朋友说。

“你早干吗呢？”汤姆说，“现在你还想怎么着？咱们可没别的选择。”

两个人只好磨磨蹭蹭地往校长办公室走，提丹没有发现其实汤姆的心事比他更重。走到贝尔校长的办公室门口，汤姆没敲门，反而转过身来面对提丹说：

“你知道昨天晚上米蒂尔去你家了？”

“知道，”提丹说着给他看手上烧过的伤口，“我真傻，昨天晚上碰了电防护栏杆。后来我全身发冷倒在稻田里，是米蒂尔发现了我把我送回家，她什么时候走的我也不知道，我后来睡着了。”

“好吧，让我告诉你昨天晚饭时在我家都发生了什么。”

提丹睁大眼睛笑了，汤姆居然不带他去校长办公室，而是带他走向学校的小门，门外就是稻田。他们靠着墙，汤姆告诉他国王放弃夺回北方云国的消息。

“这怎么可能！”提丹吸了口气，“那……那你们打算怎么办？”

“我觉得我父亲想让大家继续在这里生活下去，就当什么都没发生。但愿暴君不会发现我们。”

“那要是暴君发现了怎么办？你父亲有什么办法？”

汤姆没回答他的问题，说：

“昨天晚上我跟踪米蒂尔，看见她走进你家，我就在门口偷听……”

“你敢这么干！”提丹惊讶地脱口说道，“为什么？”

“别问问题！你知道我都听见什么了？”

提丹摇摇头。

“有办法可以从蓝莓村逃出去！万一暴君发现我们，米蒂尔是可以逃走的。”

“真的？”

“这个办法就是利用你母亲逃到这里时乘坐的那架蜻蜓器。”

“能飞？”

“对，你母亲是这么说的。他们把它藏起来了，你知道藏在哪儿吗？”

“我哪里知道？不然早就拉着你一起去看了！”

提丹真不敢相信，居然有办法离开蓝莓村！小时候母亲给他讲的那些城市是能够去看的！为什么她从来没告诉过他呢？

过了一会儿汤姆突然叫道：“对啦！”

提丹疑惑地看着他的朋友。

“就因为这个，你母亲才没告诉你，因为她知道，你一定会去看那架蜻蜓器，甚至还有可能试飞。她可太了解你了！”

“那咱们现在就去找！”提丹笑着说，“好不好？”

汤姆低着头犹豫了一下，他刚想说怕提丹撇下他一人逃掉，这时学校通向村中广场的门突然打开了，把两个人吓了一跳，他们赶快藏到同学们挂在墙上的大衣里。

有人在步道里跑，是上校。他穿着制服，先跑进阿祖先生的教室里，过一会儿又跑出来，手里拉着米蒂尔。

“提丹！”他东张西望地大叫，“提丹！马上给我过来！”

提丹和汤姆紧贴着墙不敢动。

“看样子他挺生气的！”提丹小声说，“我得躲远点！”

他从小门跑了出去，汤姆跟着他，两人在稻田里笔直地往前跑，离防护栏还有一半的距离时，两人气喘吁吁地停下来。

起风了，天空突然起了变化。早上出现的一点点云现在涨大，把天空盖上了一层灰蒙蒙的雾，太阳也罩上了一层光晕。

提丹有个不祥的预感，像是有只蜘蛛爬上了他的背脊……他回头望向村子，看到一股黑烟从一幢房子上冒了出来。

“这是怎么回事?”他惶惑地问。

第二股浓烟在第一股旁边升起，之后是第三股，第四

股……站在提丹身边的汤姆脸色煞白。

“噢，可别……”

很显然，村子里起火了。

提丹转向他家的方向，他的血液凝固了，他家也起了火！

“我妈！”他大叫着就要往家奔。

汤姆一把拽住了他，给他指学校方向有人正向他们招手。

“妈妈！”提丹大叫一声。

这时，有三架飞行器出现在房屋上空，两个人立刻明白了所发生的事。暴君的部队已经来了，他们刚刚到达蓝莓村。

“跟我来！！”提丹的母亲一边拼命喊，一边往汤姆家跑。

与此同时，十多个士兵从学校那边冒了出来。

“我要活的！！”其中一个人指着提丹和汤姆大叫。

士兵们立马冲过来追赶他们，吓得两个孩子拼命地跟着提丹母亲逃跑。

第十六章

风越刮越大，两个孩子在逃避士兵的追捕中，任由稻秆抽打着他们的手臂和前胸，拼命追赶德拉克太太。提丹的母亲已经跑到了村子的尽头，然后右转，消失在布里吉家的房子后面。

“妈妈！”提丹大叫，“等等我们！”

士兵的叫喊声越来越大，两个孩子上气不接下气地跑完最后几米的路程，看见德拉克太太正往上校的小木屋里跑。提丹和汤姆追了进去，提丹的母亲已经打开了盖板，等他们也钻进去，她就立刻关上盖板，用一块木板封住了秘密书房的入口。

“把这些书架上的书全部拿掉！”她指着办公桌后面的一道墙命令道，“快！”

他们的头顶上传来士兵的脚步声，他们进木屋了！提丹和汤姆望着书架不知如何是好：

“您要我们把书放在哪儿?”汤姆完全糊涂了。

“扔在地上，快点!”提丹的母亲一边说，一边拼命往地上扔书。

一记棍棒猛地砸在头顶，整个房子在颤抖。书架上的书已经清理了一半，汤姆还傻站着一动不动。

“汤姆!”德拉克太太大叫，“上面有两百名暴君的士兵!再不赶快就死定了！让开!”

两个孩子退了几步，她把书架拉倒在地，后面露出一扇门。

又有一记大棒似乎打断了头顶上的一条木板。

年轻的母亲打开密门，阳光射了进来，外面就是天空和海洋。汤姆和提丹睁大了眼睛，看见一架奇怪的机器停在云边的一个悬空的木码头上，机身的两边有两对翅膀，看起来像只大蜻蜓。

提丹母亲跑过去启动马达，翅膀伸展开来，机器开始震动，随时可以起飞。

德拉克太太转身抱住儿子，这时又一块木板被砸开了。

“蜻蜓器已经设置好了，会把你们带到白云村去，”她小声说，“开启自动驾驶模式，得等到这个按键变成白色才能按。听懂了吗？哪怕你们冻得要死，也要等到按键变成白色，

否则暴君的士兵会追上你们。”

“那你呢？”提丹不安地问。

“我会去找你们的。”

“米蒂尔呢？”汤姆问。

“不久她也会去的。”

“我们到白云村做什么？”提丹急得快哭出来了。

“你们要找到一个叫雅吉·里特的人。记住这个人名，雅吉·里特。蜻蜓器的储藏箱里有一个小盒子，你把它交给这个人，她会想办法帮助你们。”

美丽高贵的德拉克太太再一次把儿子抱进怀里说：

“我爱你，我的小王子，”她盯住他的蓝眼睛，悄悄地在他耳边说，“你父亲会为你自豪的。”

提丹哽咽着把母亲抱紧，她很多年都没有向他提到父亲了。

“我看着你长大，”她一边说一边把他送上蜻蜓器的前部，汤姆已经坐在后面，“你拥有能够为自己命运作主的一切天赋。无论发生什么情况，永远不要放弃你的梦想，要做你自己，尤其是肩负男人职责的时候。”

提丹的嗓子发紧，长时间以来，他有许许多多的问题从来没有过答案！现在马上就要离开母亲了，他有太多问题想问她，但他的脑子已经完全乱了。

“你会在心中找到答案的，”他母亲似乎读懂了他的心思便这样回答，“永远记住一点：不管你听到什么，不管你发现了什么，要记住，你的父亲过去曾经是一个好人。”

在他们身后，秘密书房的最后一块木板已经被敲碎，暴君的士兵们跳了下来，他们身穿黑色衣服，头戴黑头套，手执弩弓指向德拉克太太。

最后下来的那个人跟别人不一样，在他的军服外面罩了一件黑色长袍，上面绣着暴风云雪的图案。

提丹的母亲没有等米蒂尔，果断地启动了翅膀的起飞模式，之后转身面对黑袍男人，后者向后退了一步。

“慢着！”他阻止手下的人射击。

第十七章

半个小时之前，就在上校进入阿祖先生教室的同时，米蒂尔知道，蓝莓村最后的时刻来到了。

“他们找到我们了，”上校直视孩子们的眼睛说，“他们已经来了。米蒂尔，提丹，跟我来，得赶快走。”

米蒂尔站起来，看着同学们。有的人听见提丹的名字就笑了，他们以为上校是来惩罚提丹的。而另外一些同学的脸上，更多的是担忧与不解。

米蒂尔的思绪开始飞闪，自前一天晚上开始，自从她知道自己将不再是女王开始，她就变了。她对这些跟随她的人仍然负有责任，但她感觉自己比以前坚强了许多。

“他们怎么办？”她向门口走去的时候这样想，“我不能丢下他们不管！”

“提丹在哪里？”上校问。

阿祖先生站在讲台后面，脸白得像一张纸，全身颤抖。

“提丹在哪儿！！”

“德拉克……他在……我……”

“我跟你说过，一定要让他待在教室里！”上校气得大声喊叫。

“我……我让他去贝尔校长那里了，跟布里吉一起……呃……汤姆·布里吉，您的儿子……”

没等他说完，上校拉起米蒂尔冲出教室。

“提丹！！”一出教室他就大吼，他没看见提丹和汤姆就藏在他右侧挂着的大衣里，“提丹！马上到我这儿来！”

没人应声，上校冲进校长办公室，可贝尔女士也没看到两个孩子。

“这怎么可能？这怎么可能！”上校骂着又冲回步道里，这时他看见德拉克太太跑过来。

此时提丹和汤姆已经跑出了校门。

“上校！”德拉克太太叫道，“提丹跟您在一起吗？”

“没有！没人知道他在哪儿！他跟汤姆不知去了哪里！”他无奈地举起双手。

“可能他们害怕，躲起来了。”米蒂尔小声说。

“我去学校外面看看，”德拉克太太说着打开小门，“一会儿在蜻蜓器前会合！如果您在我之前找到他，让他跟米蒂尔一起走，别等我。绝不能让他落到暴君手里！”

上校找遍了整个学校，可提丹好像蒸发掉了，最后他只好放弃。

“跟我来！”他对米蒂尔说，“但愿德拉克太太找到她儿子。”

米蒂尔没动，她望着上校的眼睛里充满忧伤与坚毅。

“您和其他人会怎么样？”

“米蒂尔，你不用管这些，别多想，要服从你的父亲，求你了！我向他保证过要保护你！”

公主笔直地站在他面前。她明知道暴君的士兵已经到了村里，而且马上就会冲进学校，但是，她看到了村民们的恐惧在空气中蔓延。她不管上校的恳求，依然保持冷静，仿佛她生下来就是为了等这一天，并且为这一天终于到来了而欣慰。

“上校，我父亲应该是一个非凡的男人，才能让您如此忠诚。”她说。

她发出的声音不再是那个小女孩，从她的语气中，上校似乎听到了北方云国国王的声音，他在米蒂尔面前跪了下去。

“公主，我们没有时间了！必须现在就走！”

“上校，请您站起来，”米蒂尔温柔地说，“您不需要在我面前跪下，我已经不是王位继承人了，我不打算逃跑。”

“我恳求您！”上校坚持，似乎没有明白她在说什么。

“我们去跟村民们会合吧！我们应该跟他们在一起。”米蒂尔平静地说。

“可是……我们没有任何防御的武器！只有在危急情况下把你送走的应急方案！”

“那就投降吧，这样可以避免蓝莓村人做无谓的牺牲。”

“公主……图书馆里有一条通道，我们可以到达蜻蜓器。”

米蒂尔不再理会他。决心已定的她毅然走出学校大门，来到村中心广场。

第十八章

蜻蜓器在云层上空十几米处漂浮着，提丹和汤姆看到他们下方两公里处是火山岛的边缘。

“别射箭，抓住他们。”黑袍人又说。

他的士兵跳到悬空的木码头上向蜻蜓器扔带钩的绳子。有一个钩子挂上了飞行器，离汤姆很近。

“放开她！”提丹看见士兵抓住了母亲大叫起来。

汤姆用尽力气，可绳索缠住了蜻蜓器翅膀。士兵们兴奋地抓住绳子使劲地拉，再拉近一点儿，孩子们就落入他们的手中了！

突然，蜻蜓器的翅膀开始转动。

“快放开绳子！不然你们的手会被扯断！”一个当官的命令。

蜻蜓器的翅膀轰鸣起来，士兵们放开手一秒不到，两个孩子就被一种不可思议的速度推向了高空。绳子被引擎发出的火焰烧成了灰。

只听见穿黑袍的人喊了一句："这俩孩子跑不了多远……"他们就再也听不见地面的声音了。

两个孩子在汤姆家的屋顶上盘旋了一圈，到处是士兵，二楼已经起火。汤姆看见母亲被士兵们围住，心缩紧了。

一眨眼工夫，他们就往更高的天空飞远了。全村都起了火，村民们被士兵包围在村子广场上，再挨个被押上飞行器。暴君的士兵们把他们十人一组带到蓝莓村云层上方的厚云里。提丹和汤姆看见上校被铐上了双手，一个暴君士兵押解着米蒂尔单独坐在一架飞行器上。

载着提丹和汤姆的蜻蜓器把他们带上高空，他们眼看着蓝莓村远去而无能为力。四分之三的村子已经被烧着，村子南边的田野掉落到大海中，他们的云层正在消失。

不多时，蓝莓村云层下方的小岛现出了真实面目，火山口看得很清楚。

提丹盯着火山惊呆了，眼前的场景跟他在考试时脑中出现的幻觉一模一样！他抬起头看着高空的云层——轻轻旋转着的云层——跟他那时看到的也一样。他没有弄错！当时他没有看到蓝莓村，那是因为它已经不存在了！

"原来我是看到了未来，"他心想，"我当时真该告诉大家……"

越往上飞，气温下降得越厉害。提丹冷得发抖，转过身看着他的朋友。

汤姆身上有一层薄薄的冰，也被冻得发僵，而且他身上的冰眼看着一点点加厚。提丹看看自己的手臂，同样也有一层薄冰。

“哪怕你们冻得要死，也要等到按键变成白色，”他的妈妈这么说，“否则暴君的士兵会追上你们。”

“你……你……看到……白……白色按钮……了吗？”他牙齿打着战地说。

“没……没有。”汤姆回答。

几秒钟过后，他们全身都满是冰晶。而蜻蜓器还在不断往上飞升，朝着地球大气层的最外层飞去，温度从“寒冷”过渡到“冰冻”。

难以忍受的寒冷浸入他们的身体和精神，连眼皮都快冻上了，没法思考，也没法眨眼。提丹紧盯着仪表盘，覆盖在冰霜之下的红按钮刚刚变了颜色，当时母亲就是按了它才启动了马达，现在是浅粉色。

“等它变白，”提丹提醒自己，“冻死也要等。”

最高处的云层不远了，他们以飞快的速度在接近。

提丹动弹不得，也不能跟汤姆说话。他最后一次向下望去，只看见整个岛和岛上的火山口。

蓝莓村已经消失不见，跟他幻觉中看到的一样。

岛的周围有许多飞行器将掳获的村民们带离，飞行器在蓝色的海洋上空留下一道道云迹。

突然，眼前的一切都变白了。

他们进入了最高的云层，周围全是数不清的细小冰晶。

“我们这是进了卷云层……”全身已冻麻木的汤姆在想，“这儿冷得可以让水汽变成冰晶。”

之后他们又冲出了卷云层，飞进一望无际的蓝天中。

就在他们刚刚飞过的云层上，他们看见了暴君的近一百名士兵，正整齐列队在一条降落跑道的两侧，等待着被捕村民们的到来。

这时，蜻蜓器仪表盘上的浅粉色按钮变白了，提丹使出最后一丝力气按了上去。

蜻蜓器上升推进器的蓝色火焰熄灭了，它猛地停止向上飞行。牢牢钉在座位上的两个孩子感觉心脏终于回到了胸腔。

蜻蜓器的翅膀回到水平位置，机身慢慢有了热气，正在融化他们衣服以及仪表盘上的冰晶。

飞行器转了个圈，引擎重新启动，将它的两个乘客带向东方。

第二部

跳海刑

第一章

提丹和汤姆已到达大气中能形成云层的最高处，好几个小时，他们一直在卷云层里飞行。暴君的军队在攻打蓝莓村之前，就藏在这个由冰晶组成的云层里。

这里的天空与他们村子的上空很不一样，蓝色更细腻，更轻盈，也更冷……在卷云层下面很远的地方，有一大片云海延伸到天际，使他们看不见地球的表面，一切都包裹在白棉花状的云雾中。

提丹根本不想去研究他眼前的仪表盘，什么氧气水平、大气压力、湿度、高度等，指针指向的数字都怪怪的。

其实他只要稍微用点心，没准会明白其中一个数据。

在此高度的气温：零下 54 摄氏度。

假如他们的马达没有突然加热，他们就会冻死在座位上。

汤姆往后看了一眼，发现他们身后的天空中拖着一道白色的痕迹，其实就是一道云，不过它比普通的云更直更细。

他可以跟提丹解释说这叫“凝结尾迹”[①]，一般飞行器都会出现；他还可以向他解释凝结迹的长度为何能预测天气。

但汤姆这会儿不想说话。提丹呢，眼睛望着脚下无边的云海，在他的脑海里，母亲挡住暴君军队的那一幕总是挥之不去。他不明白为什么上校没有保护蓝莓村，没有做任何抵抗，他为什么没有救出米蒂尔。

两人就这么在无言中过了几个小时。

他们乘坐的蜻蜓器时不时自动调整一下方向，继续向东方飞去，向黑暗飞去。

下面的云层慢慢变薄，最后变得透明，终于能看见大海了。没有小岛，没有大陆，只有海水，一望无际的海水。

黑夜降临了，最暗的地方已经有星星在闪烁。提丹记起母亲的叮咛，他打开储物箱，里面有个捆了细绳的小盒子，上面有母亲的字迹：“雅吉·里特”。提丹关上箱门，转向汤姆。

“咱们会逃出去的，”他这么安慰汤姆，其实也是在给自己打气，“咱们会找到这个雅吉·里特，她会帮助我们解救你父母、我母亲、米蒂尔和其他人。”

---

① 凝结尾迹：飞机飞过天空留下长条形状的白云，是飞机的尾气遇到周围冷湿空气而产生的水汽凝结现象。

可他并不知道他们到底会去哪里，也不知道这个女人是谁，见了她能怎么样。他甚至不知道蜻蜓器会不会飞错路线，会不会突然停止飞行把他们丢进大海。他们完全是无可奈何任由它带去未知的地方，丢下一切他们所熟知的事物。

晚霞映红蜻蜓器冒出的烟和在天空中留下的云迹，直至这些痕迹完全消失。太阳下山了，没有月亮，他们两人孤独地飞行在无垠的夜空中。

提丹害怕黑夜会使他们本来不明朗的心情更加阴郁。他突然想到，要是天黑以后天空还是蓝色的该多好。

他转向汤姆，坐在后面的他像是丢了魂般迷茫。他只好抬头看星星。

“我敢说，没人知道为什么天空在晚上不是蓝色的。”他这么说是希望引起汤姆说话。

汤姆没反应。

“糟了……他的情况不好。”

此时的提丹其实很想有个可以说话的人，但汤姆的不理不睬只好令他闭嘴。他根本没法知道，其实汤姆正在自责占了米蒂尔的位置。

接下来，在黑暗与寒冷中度过的每一分钟都变得十分漫长。

恒　星

地球周边可见的恒星数量：

· 肉眼：约 6000 个；

· 使用望远镜：约 50000 个；

我们所在星系中恒星的数量：

· 约在两千亿（200000000000）到四千亿（400000000000）之间。

宇宙中的恒星数量：

· 至少一亿兆亿颗（1 后面加 22 个零）。这只是根据天文望远镜拍摄的照片估算出来的，没有人真正数过，但数字应该比这个要多。

我们所知道的恒星中，最古老的一颗被命名为 HE1523-0901，它就在我们的星系里，估计有 132 亿岁了。也就是说，在宇宙大爆炸五亿年之后，它就诞生了。

当一颗恒星诞生，如果是在我们的星系里，我们看见它是在十多万年之后，因为那时它的光才能到达地球；但如果这颗恒星是在其他星系里诞生，则需要上百万年的时间我们才能看到。

银河系

在宇宙空间里，星星是一群一群的，我们把每群星星称为一个星系。有的星系很小，只有几千万颗星星；有的则大一些，会有几千亿颗星星。

每个星系的形状根据恒星分布的情况而不同：

· 有的是橄榄球形状，称为椭圆星系；

· 有的为扁平的螺旋形状，围绕着中心而带旋臂，称为螺旋星系；

· 有的形状难以确定，我们称之为不规则星系。

我们的恒星太阳属于一个很大的螺旋星系，里面约有两千至四千亿颗恒星。

太阳（也包括我们地球）在这个星系中，以每秒 220 公里的惊人速度旋转（即每小时 792000 公里）。但由于我们的星系很大，所以太阳需要 2.26 亿年才能转一圈。假如我们以光速向我们的星系中央发送一条消息，则需要两万年才能到达。

如果晚上没有云雾遮挡视线，也没有太强的光，我们可以在地球上的任何一个地方看到我们的星系。那是一条由无数星星组成的长带，比黑夜里任何星群都更加明亮。

古人管这条长带叫做银河，现在我们的星系就叫银河系。所有我们在夜晚看到的星星，尽管离银河的亮带很远，但都属于银河系。

第二章

银河系的星星在天空中一闪一闪。汤姆自蜻蜓器起飞以来一句话也没说过，提丹觉得他的情绪有些低落。

“夜里，太阳是在地球的另一边。”汤姆说。

提丹转过身惊道：

“你说什么？”

“为什么夜里天不是蓝色的。不是你提的问题吗？”

“噢对！”提丹压根就忘记了。

“你想知道答案吗？”

“想呀。”

“白天，太阳光照亮了我们头顶上的大气层。太阳的白色光包含着所有的颜色，各种颜色的光在太空里的运行速度是一样的，因此它们能聚在一起，形成白色光。一旦进入地球的大气层，大多数颜色都能直接射到地面。只有蓝色例外，它会被空气中的细小微粒阻碍，然后再向四面八方散射，最后布满天空。所以白天的天空是蓝色的。”

“那晚上呢？”提丹还是不明白为什么太阳一下山天就变黑了。

汤姆没马上回答，他感觉自己的体力在一点点恢复。他抬起头望着星星，感觉很奇怪，面对无垠的天穹，他感觉自信在恢复，对自己掌握的知识感到很自豪。他摸摸藏在怀里的书，心想：“我父亲可能失败了。可是我，我要成为风力大师，我要给所有的人报仇。”

“晚上啊，”他像是自言自语，“天空就变成透明的了。”

提丹皱起了眉，他觉得汤姆说的完全错了。

“怎么是透明的？是黑色的！”他反驳说。

“那是因为黑色的是太空，而不是天空，”汤姆回答，“假如大气层在晚上不是透明的，咱们就看不到星星了。”

“这么说白天我们就看不见太空了？”

“当然看不见！太阳光太强了。晚上才看得见千万颗星星，白天只能看见一颗。就是离我们最近的，把天空染成蓝色的，我们称之为太阳的恒星。肉眼能看到的太阳是黄色的。”

“可你刚才还说太阳光是白色的！”

“从太空看它就是白色的，可从地球上看是黄色的。因为它失去了蓝色，蓝色给了天空。如果你把蓝色从白色的太阳光里滤掉，剩下的就是黄色。”

提丹沉默了一会儿，想着汤姆跟他说的话。他还从来没想过白天也是有星星的，只是因为看不见。“不过就算我什么都不懂，至少我把他的思绪拉回来了！”

“你知道什么叫恒星吗？”汤姆继续说，“你知道地球上的能量大部分都来自太阳吗？”

提丹没回答，现在既然汤姆情绪好转，自己就没必要再跟他谈科学了。他们被蜻蜓器引擎所发出的热量保护着，甚至能感觉到身体周围和蜻蜓器的翅膀下有热风吹过。

“还有，你知道地球引力吗？”汤姆还在问，“包裹着地球，并且能留住太阳热能的这个大气层，都是因为地球引力才存在。你愿意的话我来跟你解释。”

“呃……嗯……我们还是以后再说这个吧。”

“暴君可是什么都知道，我们要比他知道得更多才行！”

“哦？噢对……”提丹支支吾吾地说，他担心汤姆一开说就停不下来，“可……能不能……只看星星……不说话？”

就在他们的右边，有颗流星划过夜空坠落在大海里。

“你看见了吗？”提丹兴奋地说。

“这是彗星燃烧剩下的一部分，掉进了大海。”汤姆解释说。

提丹叹了口气，无可奈何。接着，他惊讶地发现，汤姆又不说话了。

他们静静地望着几十颗流星划过夜空，每看到一颗，两人就默默地在心里许个愿。汤姆的心愿总是一样的，一整夜一遍一遍地重复，他比别人都更恨暴君。他知道要跟他作战就没有别的选择，他必须成为风力大师，要学会掌控云并运用它攻击胆敢抓捕他父亲的人。这样就没有人能够指责他占用了米蒂尔的位置。

虽然跟汤姆的心愿不同，但提丹的心愿也总是同样的。他要再见到母亲和米蒂尔。

半夜了，听着太空的摇篮曲，裹在蜻蜓器引擎产生的热气里，两个孩子终于累得睡着了。他们身后拖出的白色云迹在一点点变长，这预示着会有新的云出现，覆盖地球的表面。

第三章

黎明到来，太空与星星慢慢消失了。天空不再透明，开始亮了起来。温度依然很低，非常冷，周围依然宁静。汤姆和提丹还在睡，他们没有注意到蜻蜓器的仪表盘上有个指示灯闪了许久。是油量表，他们的油不多了。

蜻蜓器开始下降，按预定的方向飞去，为了减少汽油消耗，它自动关闭了暖气。之后指示灯不再闪，而是发出哔哔的声音。提丹被这声音吵醒了，快冻僵的他看了看四周。

景色完全变了，海不见了，地球的表面覆盖了一层绵延起伏的云。这个白色云层耸起一个像高楼一样的云顶，被朝霞映得通红。

提丹冻得发僵，他知道哔哔的声音肯定预示某种不正常，可他还是更乐意欣赏大自然的美。

“汤姆！看哪，太美了！”他冷得牙齿咯咯响。

蜻蜓器攀沿着其中一座“高楼”飞行。风把有的地方吹鼓，有的地方吹瘪。

“这些云看上去像是活的！”提丹感叹道，“你看见了吗？好像它们一动一动在呼吸呢！”

他感觉双臂麻木，转过身看，汤姆根本没醒。他试着连推带摇再加掐，一点办法也没有，他的朋友闭着眼睛，嘴唇发紫，寒冷攫取了他的身体和精神。汤姆失去知觉了！

提丹把他往自己这边拽，试着用自己的背去暖热他。蜻蜓器一直在响。他看了看周围，没有村庄，只有一团团橙黄色的水滴从灰白色的云层上冒出来。

突然，提丹看到有七座像山一样的怪云，它们中央围着一块平地。这里的云都在随风摇动，只有这些怪云山一动不动。蜻蜓器便冲着这些云山飞去，突然从下面刮来一阵风，飞行器被往上推动了十几米。

风停住之后，两个人乘坐的蜻蜓器已经在一片云的平原上飞行。

“我们终于到了……”提丹望着下面飞过的白色云层这样想。云面显得很结实，跟蓝莓村一样。

蜻蜓器向左转弯，绕过一座不动的云山，再侧过机身穿

过另外两座云山。

“真不可思议！”提丹兴奋地叫道，努力睁大冻僵的双眼。

七座云山之间有一座巨大的都市。

在这座城市里，有梯田，有许多建在木制支架上的房屋。这座城市比蓝莓村大出一百倍。

提丹的心嘭嘭跳，内心升起希望。正在这时，哔哔声停止了，引擎也停止了。显然，油已用尽。

与此同时，仪表盘两边出现了两个小洞，洞中伸出两个小把手。

提丹握住把手，努力地想控制住飞行器的方向，可蜻蜓器根本不听使唤，直直地向地面冲去。

过了几秒钟，飞行器在离城市一百多米的稻田里坠落，两个孩子被惯性抛出了飞行器。

为什么云是白色的？

组成云的水滴和冰晶比让天空成为蓝色的空气分子要大得多。

所以，经过这些水滴和冰晶时，所有颜色的光都有同样的反应，也就是说，各种颜色光不会分开，它们是怎么进去的就会怎么出来。

所以，什么颜色的光线照耀云，它们就是什么颜色。白天，云就是太空里看到的太阳的颜色：白色。

晚上，由于落日的照耀，云就会变成红色、橙色、紫红色等，因为只有这些颜色的光才能照到它们。

如果云层很厚，光线无法穿越，它们底部的颜色就是深灰色，即所谓的“乌云”。但即使是雷雨交加，云的顶端也总是雪白的。

第四章

“他醒了。”一个女人的声音在说话。

提丹睁开眼睛，发现自己正躺在一张床上，旁边有三个人围着他，一个男人和两个女人。他们所在房间屋顶是深绿色的，墙也是绿色，只是更亮一些。

这个房间没有窗户，只有几盏灯发出柔和的灯光。褐色头发的高个子女人向提丹弯下身来。她看起来非常不友善。

“您是谁？”提丹问，“我在哪里？”

“在医院里，你的飞行器出事了。他们是玛丽和保罗，是他们把你治好的。”

提丹看看站在他旁边的一男一女。男的戴副小眼镜，棕色的头发剪得很短；金色头发的女人稍矮一点，两人都穿白大褂。而刚才跟他说话的女人则穿着深色发亮的大衣。

提丹意识到这屋里只有一张床，他叫了起来：

“汤姆在哪儿？我的朋友呢？他怎么样了？你们把他怎

样了？”

“你朋友的冻伤比你更严重，但还好，他也醒了，在另一间病房里接受我们的照顾。”

“我能去看他吗？”

“现在不行。”

“您又是谁？”

高个子女人举起手按住了想起身的提丹，让他安静下来：“你以后会知道的，现在该我向你提问题了。你叫什么名字？”

“提丹。”

“姓什么？”

“德拉克。”

“从哪儿来？”

“蓝莓村。”

“什么？”

“蓝莓村。”

保罗和玛丽互换了一下眼神，然后耸了耸肩膀，看样子他们从来没听说过这个地方。穿大衣的女人从口袋里掏出个小本子写了点什么。

“蓝莓村在哪里？”

“呃……我不知道，”提丹只好承认，“是在一个火山口上，离地面有两千米。”

女人皱了皱眉，语气一下变了样：“打起精神来，回想一下你学过的地理知识，否则事情会变得很糟。”

提丹从床上坐了起来，有点难堪。那个女人不像是开玩笑，问题是他根本不知该怎么来解释……

“夫人，我真不知道。我从来没弄懂过雾理……呃……我是说解释云雾的那些原理。”

“你们飞行器上的飞行员在哪里？”

提丹低下头，都是因为他没开好蜻蜓器所以坠落了，他觉得有愧。

“是我。”他轻轻说完，又抬起头大声说：“可没人教过我们开飞行器！”

那女人看了看门口，然后在床边跪下来，从口袋里拿出来一个东西。提丹跳了起来：这是他母亲交给他的盒子！

“这是你的吧？”

“还给我！”男孩大叫着想抢回来。

女人及时跳开了，提丹的叫声招来一个女兵。她进来后警惕地四处看看。她穿着黑衣服，跟攻打蓝莓村的暴君士兵穿得一样。褐色头发的高个子女人迅速将盒子装进口袋。

“保罗和玛丽说得对，”她一边往门外走，一边说，“你会很快恢复的。”

提丹咬牙切齿地狠狠瞪着她：

“还给我，要不然……”

“闭嘴！”她回头说，“法院半个小时之后要提审你，城市警察很快就来押送你。做好准备。”

说完她就走出了门。保罗和玛丽走近他们的小病人。

“你感觉怎样？”保罗问。

“她到底是谁？”提丹不满地问。

“市长，”玛丽回答，“她想在你上法庭之前见你。”

“什么法庭？”提丹抬起眉毛问。

“就是审讯你的法庭。现在好好休息一下，一会儿要回答法官的提问，会很辛苦。”

“审讯我？可我……我犯了什么罪？”

站在门口的女兵在监视他们，不漏掉每一句话。保罗假装不小心掉了一件医疗用具，他弯下腰去捡时对着提丹耳朵悄声说：

“市长亲自见你，说明你是个非常重要的人物。你先别恼，也不要相信任何人，尤其不要相信军人。”

玛丽点点头表示同意他说的话。

“离嫌犯远一点！”女兵吼道。

玛丽慢慢地转过身说：“您认为我们应该怎样检查病人？隔得远远的？”

“那就说话声音大一点。”

“我要见我的朋友。”提丹在保罗假装检查他的前胸和手臂时坚持说道。

“那要等到他醒过来，”玛丽说，“我去问问护士他的状况怎样了。”说着，她斜眼看了一下门口的女兵。

她又说：“反正你在受审之前不能见他。穿好衣服，警察马上就到了。”

“请告诉我，我现在在什么地方……”

“在市立医院里，市长刚才跟你说了。”

“是哪个村？”

保罗和玛丽盯着他，暗示他要警惕女兵。

“你不是在白云城里嘛，你头上挨的那一记撞击让你失去记忆啦？”玛丽说。

“糟了！”提丹暗想，“我们降落的地方不对……”

“我睡了多长时间？”他小声问。

“三天。现在穿好衣服，”保罗把衣服递给他，命令道，“押送你的人快到了。”

等到大家都走出门，提丹脱下医院的病服，胡乱穿上了衣服。

过了几分钟，保罗和玛丽又进来，后面跟着几个穿了白色警服的警察，腰上别着小箭弩。玛丽手上端着一个杯子。

“把这个喝下去。”她说。

“这是什么？”

“提神剂。”

提丹闻了闻，味道还不坏，他喝了一小口，挺好喝，有点甜，便一口气喝干。

“该走了！”警察说，“他能走路吧？”

“应该可以，”保罗说，“不过要慢点。”

说完，他小心翼翼地帮提丹站起来，再俯身贴着耳朵对他说：“你朋友今天早上醒了，不过还很虚弱。他也往法庭那边去了。”

提丹从床上猛地跳起来：

“走！还等什么？”

警察被他这突如其来的旺盛精力吓了一跳，盯着他刚喝过的水杯看了看。这时犯人已经走向门口，他们赶快跟上他，走进全是医生和护士的长长走道。

“别想逃跑，别跟我耍小聪明，否则有你好瞧。”警察头儿跟他说。

提丹才不想跑，他只想赶快找到汤姆，越快越好。

女兵站在原地，等他们走远之后溜进提丹的房间，尝了尝杯底剩下的几滴液体，不知是不是想得到同样兴奋的效果。可什么也没发生，神奇的饮料不过是一杯花草茶。

她自言自语地说：“这孩子有点怪，我得向暴风雪军官报告。”

第五章

医院面向大街的门一打开，提丹就被外面强烈的阳光照花了眼。环绕着白云城的云山洁白得耀眼，使提丹睁不开眼，只好闭着眼睛跟着警察走。他根本没注意他们其实已经走出了军人把守的岗哨，现在他被带到市中心的大街上。

睁开眼，他看见街上耸立着高大的建筑物，欣赏着上面的拱门、阳台、巨大的窗户和雕刻的屋檐。建筑物上数不清的烟囱向天空喷吐着浓厚的黑烟。

他穿着皱皱巴巴的衣服，东张西望，后面还跟着押送他的警察，以至于路人都向他投来充满敌意的目光。他们肯定把他当成坏人了。

提丹终于注意到了街上的人，他们穿着宽松保暖的衣服，但提丹没意识到自己在这儿不受欢迎。他回想着母亲曾给他讲的那些关于外面世界的故事，想象着跟她一起参观眼前这个都市。他的脑海里闪过一丝希望，也许只要讲出真相，这个都市的统治者们就会帮他的忙。他越想越肯定。

提丹加快了脚步，他必须尽快找到雅吉·里特，然后才能去救米蒂尔、他的母亲以及汤姆的父母……“能够建成这么一座漂亮都市的人，一定既强大又善良。”他心想。

警察看着这个嫌疑犯有点发懵，他们还从来没见过犯人这么着急往法院里闯！

他们终于走到一座深色的高大建筑前。这是惟一一座没有窗户的大楼，楼顶上矗立着十几个烟囱，像是指向天空的大炮。这让提丹的情绪一落千丈，连跟着警察往前走的步子都有点犹豫。警察才不管他的情绪，一把把他推进一个宽敞吵闹的大厅里。

大厅里聚集了上百号人，一堆一堆地聚在一起说话。男人们都戴着帽子拿着手杖，女人们都穿着古板的长裙。提丹在这些一本正经又高深莫测的人面前感觉很渺小。

突然，所有的人都不说话了。提丹身后出现一群衣衫褴褛的人，他们眼中放光，面部表情阴郁，乱挥着手臂大声叫骂。

押送提丹的警察加快了脚步。

“警察在哪里？我们纳税人的钱是干什么用的？”有个人说，因为他对乞丐光天化日之下闯进法院重地很生气。

“这是本星期第三次了！”

“怎么没有人出来管管？”

那些乞丐往人群里走了几步，紧张的气氛又增加了几分。突然，有个人从袜子里掏出一把刀，向大厅另一头扔去。男人女人都吓得大叫着趴在地上，刀子越过他们的头顶扎在一幅墙上的画上。提丹看见刀尖正好插在画上戴皇冠的人的下巴上。

“打倒暴君！地球万岁！”扔刀子的人大喊。

提丹没能看到接下去发生的事，因为人群中爆发一阵骚乱。押送他的一部分警察奔去维持秩序，另一部分警察把他带到一个侧门。结果提丹被一帮慌慌张张往门外冲的人给绊倒了。

“趴着别动！”一个警察命令他。

他抱住头，但还是被慌不择路的人群乱踩了一通。

过了几分钟，大厅里的人全跑空了。警察过来扶起提丹。

“出了什么事？”男孩问。他的衣服已经被踩得乱七八糟。

一个穿黑衣的士兵不怀好意地看着他，往地上吐了口痰：“真该把你一枪子儿崩了！”

提丹吓得往后退了一步，站在他旁边的警察挡住士兵，保护着提丹。

那个士兵打量着他们这一行人，冷笑着说："走着瞧，你们的日子长不了了！刚才发生的这事说明你们已经完蛋啦！"

警察没搭理他，把提丹押送到大厅最里面，那里连着几条楼道，能听见市民们慢慢重新聚在大门前说话的声音。

"他们拿国王当靶子！"有个妇女说，"太过分了！"

"也没那么严重，不过是张画像。"另一个人说。

"住嘴！"又一个人插嘴，"怎么能这么说话？"

"幸好士兵把他们抓起来了，这些野蛮人。"

"国王万岁！"

警察把提丹推进又一扇门里。那是一个很大的房间，墙上装饰着浅色的木条，这就是法庭。有六个穿绿色长袍的人坐在一张大桌子后面等他，他们应该就是本市法院的成员了。提丹认出坐在中间的是市长，就是那个偷了他的盒子、褐色头发的女人。

"提丹·德拉克，坐下。"她命令道。

法庭前面有两个法警站在一个缩在长椅上的男孩身边。提丹向他奔过去。

"汤姆，你怎么样？"

"我冷。"汤姆哆嗦着回答，他脸色苍白。

"闭嘴！"一个法警吼道，"回你座位上！"

提丹在汤姆的身边坐下来。市长扶了扶眼镜、清了清嗓子，摇起了铃。她开始用严肃的语气读陪审团成员刚递给她的一份报告：

“三天前，一架蜻蜓式飞行器在我市北部的二十四号麦田坠落，飞行器上有国王纹章标记。一位农民在飞行器几米远处发现这两名男孩躺在地上失去了知觉。”

“她说‘国王’！”提丹心里惊呼，对未来会出现的情况越来越担忧，“她没有说暴君！这下我们完蛋了！”想到此，他

脸上冒出冷汗。他终于明白了：这些人是暴君的人！他看了一眼汤姆，他似乎也完全懵了。

“市长夫人，”刚进来的一个男人打断她的话说，“怎么，这次开庭又没有国王代表在场？”

提丹和汤姆转过身，来人在一身黑衣外面披了一件黑长袍，上面绣着代表暴风雪军官的暴风云图案。他绕过陪审团，坐在市长身边的空椅子上接着说：

“您是不是忘记了我们所签订的条约？”

“没有，”市长冷冷地说，“是军官您迟到了。”

来人看了一眼挂在门上的大钟，他咧嘴一笑，整个脸都扭曲了。

“没错，夫人。只是十分钟！我需要安排士兵们加强都城的警戒。”

“这关您什么事？”市长盯着他的脸说，“据我所知，我们不隶属中央王国！”

男人依然一副冷冷的表情，说：

“夫人，现在还不是。然而，您没有资格反对我的做法。正是因为您的工作不够有效，才需要我来插手。就在刚才，您手下的警察居然连法院的秩序也不能维持！您得保证这种情况不再发生。为了大家的安全，我必须亲自负责这个城市的治安，当然也包括您的安全。”

市长说不出话。

“现在，请您开始工作，执行国王的法律！”男人接着发号施令。

市长强压怒火，过了一会儿她冷静下来，低下了头。

“那让我来问，”暴风雪军官说完指着提丹和汤姆，“这俩人的穿着如此奇异，他们到底是谁？移民？农民？”

市长盯住面前的文件想了一会儿才开口回答：

“他们是农民，农民的孩子。我们是在您部下驾驶的蜻蜓器附近找到他们的。他们说，不知道那里不让靠近。”

提丹和汤姆惊讶地望着她，她在讲什么呀？他们什么也没说过！连口还没张过呢……

“我听说他们之后昏睡了三天。为什么？”军官又问。

“他们两人打得不可开交，”她继续编造子虚乌有的事，“我们给他们服用了镇静剂，以便让他们在出庭之前养好伤。”

“什么？还浪费药物！他们是不是偷了些什么？”男人问。

“他们身上什么也没搜到。”

“那您的判决是什么？”

“关监狱一天，让他们学会遵纪守法。”市长回答。

提丹和汤姆跳了起来：“什么？您不是开玩笑吧？”

“把他们的嘴巴堵起来！”市长命令。

“不行，你们这是……呜呜……”

“救……呜呜……”

两个人再也没法说话了，法警极快地堵上了他们的嘴巴并铐上了双手。

“爱打架是吧？好哇，让你们知道知道厉害，三天监狱！”穿黑袍的男人说，“给他们一本《国王法典》，让他们背下来。”

“三天监禁，”市长用小木锤敲了一下，一锤定音，“法警，把他们带下去。”

“下一个！”穿黑袍的人叫道。提丹和汤姆被人带到了牢里。

第六章

没有窗户的监牢在白云城云层的最深处。两个人并肩坐在分给他们的床上，所谓床也就是用铁链固定在墙上的一块木板。提丹和汤姆不敢说话，从门上一个小洞透出的微弱灯光里，他们看见牢里还有别的人。

有个老人睡在另一张床上，他非常瘦，皮肤像是透明的一样。自他们进来以后他就没动过。

“他是不是死了？”提丹小声说。

“没有，还有呼吸呢。”

外面的灯光闪了一下就灭了，牢房一下子陷入黑暗。两个孩子挨在一起，提丹的眼睛一直没有离开睡着的老人。

“可能他们把他忘了吧？”汤姆说，“没准他们也会把我们忘了。”

“咱们飞错地方了。”提丹说。

“可不是，我也发现了！你看见了吧，法庭上穿黑袍的人跟抓你母亲的那些人还有带走米蒂尔的人，身上有一样的图案。”

“是，我看见了。”

“这就是暴君的精锐部队，我爸跟我说过，叫暴风雪军官。”

“我想……”说着提丹低下了头，“咱们是落到暴君的城池里了。”

“不一定！你听到市长跟黑袍人说的话了吧？”

“我恨死这市长了！”提丹狠狠地说，“你想想看，她居然把孩子投进监狱！而且她把我妈交给我的盒子抢走了。”

“还有我的书。”汤姆伤心地想。自他在医院醒来以后，他就一直在想这件事。因为学会这本书是他惟一能战胜暴君的方法，发现书不见时他差点哭了出来，但自从他在法庭上看到市长跟暴风雪军官针锋相对的对话之后，他对收回书有了点希望。

“那些士兵……”他沉思着说，“我看是服从暴风雪军官的。而警察肯定是本地的，看起来，他们对那些士兵很不满。”

提丹想起在法院大厅里发生的事，当时是警察在那些士兵面前保护了他。汤姆的分析是对的，他从来都是对的。

“提丹？”

“嗯？”

“你母亲的盒子里是什么东西？”

“不知道，我没打开。怎么啦？”

汤姆没说话，因为那个老人刚刚从床上坐起来。他的脸很瘦长，表情显得惶恐不安。

“您好先生。”提丹小声向老人打了个招呼。

可老人的眼神直直的，似乎根本没看见他。

汤姆心想：“糟了，他看不见我们！没准是个疯子。”

突然那人的眼睛开始放光，像是灵魂深处有一团火一下子燃烧了起来。尽管他虚弱不堪，却出人意料地站了起来。他双手护住耳朵仔细听，并开始原地转圈。

“别出声！”他喝道，“是他！是梦笛，你们听见了吗？哈哈！”

提丹和汤姆吓得紧贴在墙上。他的声音很沙哑，像是很长时间没有讲过话了。他的脸看上去不像精神正常的人。

“你们听见了吗？”他又说，“听见了吧！听见梦笛了没有？”

两个孩子交换了一下恐惧的眼神，这回他们可以肯定，老人精神失常了。

“咱们假装听他说。”提丹说。

尽管极不情愿，他们还是假装把手放在耳朵边，眼睛往

上看，装模作样地听。

监狱里有点嘈杂，但能听到声音。

周围到处都有声响。牢房尽头有看守走来走去，有人在说话，还有隔墙犯人的吼骂声，甚至还能听见风声，嗡嗡的声音夹杂在其他声响中，为这个都市的黑暗角落配上一种阴森的背景音。

提丹担心地看着那人，心想难道他能听到别人听不见的声音。

“怎么样?”老人继续问，好像他自己也开始怀疑了，“你们听见了没有?”

“听见了……”汤姆闭着眼睛用蚊子似的声音说，“我好像听到什么声音……”

“是吧!”老人大声说。

“你听见什么了?”提丹问他。

“嘘——”另外两个人同时说。

提丹赶紧闭嘴，闭上眼睛使劲听，但他每隔三秒钟就要睁开眼睛看看那个精神亢奋的老人。他没法集中精力。

突然，在一阵嗡嗡响的风声中，他捕捉到了一个异常柔和平静的音乐声，非常轻，像是在墙壁间传递着快乐，跟老人的伤感形成对比。

“是空气里的风，”汤姆小声说，“声音可以借着风，在空气中传播，在太空里就什么也听不见。”

“别说话。”提丹打断他。

“是我教他吹的……”老人自豪地说，“他特别聪明，现在他吹得比我好了。”

“是笛子吗？”汤姆问。

“是，是梦笛。他是为我吹的。”

氧气

35 亿年以前，当地球上出现第一个生命形式时，大气层中还没有氧气。

在此后的上亿年间，这些最初的生命形式一直在变化，直到某一天出现了一种十分特殊的细菌：藻青菌。这种至今仍然存在的细菌有种非凡的能力，它能够分解水分子，同时产生能量。如此，它便把氧气释放到大气中。

最开始，这些氧气很快被海洋吸收了，这就给其他生命进化的时间，即找到方法来保护自己，不受这一新型气体的侵害。保护是必要的，因为氧气有毒，而且很有破坏性。

十亿年之后，海洋中的氧气已饱和，藻青菌产生的氧气便进入了地球的大气层中。

藻青菌的实际直径比头发丝还要细五倍。

今天，我们周围的氧气与十亿年前的氧气数量差不多。

与大多数动物一样，我们人类适应了有氧生活。

我们的身体器官不仅不受它的侵害，并且完全依赖于它。我们呼吸的时候，吸进空气中的氧气，并利用它将吃进去的食物变成身体所需的能量。

然而，氧气仍然是有一定毒性的，很多科学家正在研究如何克服其最明显的副作用，即防止我们人体器官氧化衰老。

第七章

时间过得很快，在黑暗的监牢里，提丹和汤姆躺在硬板床上翻来覆去。老人在音乐声停止后就睡去了，睡梦中还嘟囔着一些听不懂的话。

汤姆又开始冷得发抖，提丹则一直在诅咒市长。他们到白云城已经三天，就算他们找到了白云村，就算他们找到了雅吉·里特，他们的使命也无法完成了。母亲交给他的盒子没有了，他们现在只能另想办法。

“我恨死她了！”他不知多少次大声诅咒，“还是市长呢，太不像话了！”

老人突然睁开眼睛坐了起来。

“他说什么？”他问也坐了起来的汤姆。

“我们才到这儿她就把我们关进监狱，太可恶了！”

“浮躁的年轻人，你在说谁？”老人看着提丹又问。

老人现在倒是安静下来了，只是仍显得疲惫不堪，好像他正在费劲地理解提丹话语中的含义。

“我说的是这座烂城市的市长！”

老人皱了皱眉：“你们怎么跑到这儿来了？”他的眼里闪着怪异的光。

说完他立马举起双手，赶紧制止他们回答他的问题。之后他歪起脑袋看天花板，好像又要听什么声音，似乎他的精神正在转为疯狂。

“梦笛又开始吹了吗？”他问。

提丹和汤姆摇摇头。

“之后，我再也没听到。”

“是吗？”汤姆小心地问。

“是啊，我的耳朵背了，精神恐怕也不行了，”他又说，“是啊，我就应该待在这儿。”

“为什么呢？”提丹问，“您犯了什么罪？”

汤姆捅了他一下悄声说：“傻瓜，闭嘴，别再把他惹恼了！”

可老人并没有生气，显然他想说话。他湿湿的眼睛显得很累，肩膀低垂着继续嘟囔道：

“我不知道这是我自己的故事，还是别人跟我讲的。我觉得我被所有人抛弃了。”

他举起双臂，双手合十地继续说：

“人在哭的时候就可以看到星星，即使是白天，即使是这儿。星星多美丽，你们知道吗，美丽动人，就在我的手心里！看呀！有好多！像是在白云村上空一样。”

汤姆和提丹惊讶得跳了起来，一齐喊道：

“您知道白云村？”

老人一脸茫然地看着他们，不要说两个孩子不相信他的话，连他自己也没法理清自己的思路，谈话又无法继续下去……

“我们不是本地人，我们要找白云村。您知道在哪儿吗？”

“消失了？”老人先是问了一句，又说，“对，消失了，我差点忘了，没有白云村了，全完了。”

他盯着自己的双手，像是在手里看到了闪闪的星星，眼里闪着泪光继续说：

“那个地方真是好啊，很美丽，一座非常平静的小村庄，就在中央王国的边境上。天上有许多星星，但现在全没了，跟地球一样。”

他挠挠头，似乎想起什么十分重要的事情：

“这是暴君的错，或者是暴民的错。对了，是的，我现在想起来了……北方云国的国王打了败仗……啊，他沉寂了好长时间……他改变了策略，太聪明了！他在暴君的国度里组织了一次反击。哈哈，暴君气坏啦！活该。因为那些战乱，富人到了我们这里，都是从中央王国逃出来的，他们怕家人受害，怕生命受到威胁，尤其是担心他们的财富。呵，他们可是要保护好财富啊！这些胆小鬼！他们就这么一窝蜂地来了，把村子全占满了……把我们的村子变成了他们的城市，富人的城市，白云村不见了，成了白云城。”

“您说有过反抗暴君的行动？您肯定吗？”汤姆问。

老人大睁着眼睛，紧盯住他：

“当然肯定！你们打哪儿来的？连这都不知道？你们以为北方云国的国王会坐视不管吗？啊！尽管他的国土很小，可他不是轻言放弃的人。到了监狱他也在作战！战败之后，他尽其所能四处奔走，这才是真正的英雄啊！只不过现在他不知所踪，战役呢……唉……结束了，全完了……所以暴君才开始对付白云城，他想把富人们召回去，他派暴风雪军队来恫吓老市长。暴君要的是钱，好多好多钱和百分之百的服从。可是老市长坚决不屈从！他绝不屈服于独裁者！好个勇敢的人！”

“那后来呢？”提丹睁大眼睛问。

“你怎么什么都不知道！”老人不满地说。

“富人不赞成吗？”汤姆小心翼翼地问。

“当然不赞成！他们一点也不高兴。他们宁愿牺牲自由来换取和平，这些傻瓜……所以他们准备答应暴君的条件。‘国王万岁！’他们这么说，‘国王万岁！’他们没有反抗飞堡和空中巡逻队。这帮没用的东西，在他们眼里根本没有正义……一直到最后。”

老人说完站起身，情绪又激动起来。两个孩子吓得直往后缩。

“都是些傻瓜……”他转着圈继续说，“他们逼着老市长下台，把他投进监狱，还把原来的村民全关押在了山上，禁止他们自由耕种，只能为他们种水稻。这不跟奴隶没两样吗？”

“老市长现在怎么样了？”提丹问道。

“他太老了，真可怜。他很伤心，特别伤心。因为他没能保护好自己的村民。”

老人停了一秒钟，他的眼睛里闪烁着久经风霜的老人独有的智慧之光：“如果一位国王、市长或将军在人民的恐惧中管理国家，那么他不是恶棍就是疯子。老市长从来都是清楚这一点的，只是他没能够解除新移民内心的恐惧，他失败了。他的结局只能是这样。他再也不能享受快乐，只剩下他的孙子和笛子。他最喜欢在牢房里听他吹笛。”

汤姆和提丹面面相觑，又转过身面向老者。

“老市长也被关在这里吗？”提丹问。

“是您吗？您就是那位老市长吗？”汤姆问。

“我想是的。可我在这里被关了好长时间……已经记不得了。”

“您认识雅吉·里特吗？”汤姆满怀希望。

“雅吉……是啊，她很聪明，她隐藏了真实身份。不过她还是得服从……得做做样子啊……她允许我的梦笛吹笛子！她就是现任市长！”

“什么？这怎么可能！”两个孩子异口同声惊呼道。

老人重新在木板床上躺下，盖上破烂的被子不再说话。无论汤姆和提丹怎么向他提问，他都不再出声了。老人实在没精力说话了，他沉沉睡去，似乎在睡梦中还能听见孙子的笛声。

“你觉得他说的是真的吗？”提丹问汤姆。

“很有可能。看得出来，市长是反对暴风雪军官的。”

“可她没必要把咱们关进监狱呀！”

“也许她没别的办法，也许……”

“等等，嘘——听……”提丹打断他说。

有脚步声悄悄接近牢房门，门锁在响。门打开了，两个警察走进来。

“你们两个，起来。”其中一个指着提丹和汤姆小声跟他们说。

“我们自由了？”汤姆高兴地问。

“还不算太迟。”提丹也说了句。

警察伸手在嘴上做了个噤声的姿势：“跟我们来，别出声。”说着把他们的手铐住。

“去哪儿？”提丹问。

“市长夫人要见你们。”

睡着了的老人不知道他的狱友已经离开了牢房。

第八章

牢房外，烟囱仍然在向清晨潮湿的空气中吐着浓重的黑烟。城市街道的每个十字路口都有暴风雪军队在把守，他们的样子与其说是保护市民安全的警察，不如说是占领城市的士兵。

提丹和汤姆双手被铐，跟着两个警察穿过白云城的街道。“暴风雪军队在几个小时之内将占领监狱，”其中一个警察带他们出来时这样解释道，“所以市长夫人让我们把你们放出来，带你们去一个藏身处。你们还是要做出犯人的样子，别说话。”

自法院大厅发生混乱之后，有些商店就锁上了门板。提丹和汤姆好奇地看着还没有关门的商铺，有的橱窗里的模特身上穿着丝绸服装和羊绒毛衣，头顶上的灯把她们脖子上戴的宝石项链照得光彩夺目，还有超豪华的壁炉在商店大厅里排列成行，还有的橱窗贴着壮观的日落风景图片，那是旅行社的宣传画。

提丹注意到其中一家商店，宽敞的店堂里摆放着几架飞

行器，崭新的机壳像镜子般闪闪发亮。他停住脚步，想多看一会儿，却被警察粗鲁地推走。

走到一处岗哨，警察敬了个礼，把几张纸递给士兵，士兵又交给看守长官。长官谨慎地看了看他们，先仔细看汤姆，又看提丹。

“你们把他们押到哪里去？”

“让他们去做苦力。”其中一个警察说。

看守厌恶地瞪了两个犯人一眼，就让他们进入了本城住宅区。

住宅区里都是多层建筑。市民们还在睡梦中，周围是些高大的树木、修剪得整整齐齐的草坪以及花坛，这可比米蒂尔在蓝莓村的花园要高级多了。然而汤姆无心多看，他只对地上挖出的坑感兴趣，从里面冒出的蒸汽升到好几米高的空中。

“得赶快走，”警察指着不远处冒出的巡逻队队员的头顶说，“不能让他们注意到。”

他们继续走，来到环绕城市的七座云山其中一座的山脚下。山腰上的梯田种满了水稻，梯田中间能看见有一条小路，一直通向白云山上搭建在支架上的干栏式房屋①。

他们顺着潮湿的小路走，因山势而蜿蜒上下，一路穿过

① 干栏式房屋：建在木制支架上，可以防潮。

稻田和村庄，直到警察确认后面没有人跟踪，这才走向山顶的一排房子。押送队伍在其中一幢最难看的两层房子前停下来。这是惟一没有支架的房子，破旧得快塌了，房前有一个小平台，第一层陷进云层深处。

“进去。”警察命令道。

屋里的破旧程度比从外面看还糟，墙根下已经发霉，地板上长满了青苔，踏上去嘎吱嘎吱响。除了靠在墙上的一架梯子以外，屋内空空如也。屋顶有个盖板可上到第二层。

“真恶心，”汤姆说，“这地方是干什么用的？”

“嘘！”一个警察制止他，另一个正在肮脏不堪的窗户上张望，看看有没有人发现他们进来。

“没问题，一切正常。”

提丹和汤姆看着他们蹲在脏地上用手胡乱抓，很快清理出一块刻在木板上的方形图案。原来它被青苔盖住了。最后他们找到一个把手，拎起盖板，再弯下腰用手电照着观察里边的情况。看样子他们很满意，又盖上了木板，再用青苔重新伪装起来，之后向梯子走去。

“跟我来！”一个警察说。

孩子们向后退缩了一步。

“喂，我们可不是蛤蟆，不想待在这儿！”提丹说。

“我宁愿回到监狱里去。”汤姆说。

“下面到底是什么？”提丹皱着眉问道。

“是通向新村的暗道，”警察闪到窗户边说，“市长夫人要我们把你们带到那边去，但是只能明天动身。”

“为什么不能从外面走？”汤姆问。

“这边的人一下子就能认出你们，会报告暴风雪军官的。就像那天把你们送到医院一样。”

“市长……”提丹嘀咕着，“这位夫人叫什么名字？”

“里特夫人，”警察说着往上爬，“她在上面给你留了一本书。”

汤姆的心突然亮了一下，赶紧往梯子跑。

上面的小房间倒是很干净，地上并排放着三个床垫。房间角落里放着些大米袋，旁边有电炉、水瓶和一摞衣服。在这儿待一个月没问题。

一扇天窗面向小街，一扇推拉门通向平台。大家一上楼，警察就把梯子收了起来，并打开了孩子们的手铐。

提丹换上干净的衣服走向小天窗。窗户上的玻璃不平，看东西有点扭曲，但仍能看到不同凡响的景色。白云城靠不知藏在什么地方的几座风厂供电，城区一望无边。提丹打开通向平台的门。

“别想出门！”警察头也不抬就吼道，“你给我老实坐下，什么时候叫你动你再动。明白了？”

两个警察坐在盖板上开始玩牌。他们的对面，汤姆正靠在米袋上看市长给他留下的书，他已经对别的事情失去了兴趣。

“你看什么呢？”提丹走近问。

“看书。”汤姆背过身。

“是你的书？”

“嗯……”

“咱们得好好想想，怎么才能找到我妈妈和米蒂尔，还有你的父母呢！”

“嗯……”

“咱们跟雅吉·里特说些什么？”

“嗯……”

提丹看看警察问道：

“只有书没有别的吗？”他想起母亲交给他的小盒子还没收回来，“你们看没看见一个小盒子？”

“有的话早就告诉你了。”

两个警察继续专注于打牌，其中一个不耐烦地加了句：“你能不能闭会儿嘴？”

地球的大气层

地球是太阳身边的第三颗行星，它的形状有点像两端被压扁的球，平均直径是 12742 公里。

地球的表面由一层薄薄的气体包围，我们叫做大气层，又称大气圈。

大气层 99.9% 的气体存在于地球表面垂直向上 50 公里的距离以内。

大气层能够：

· 吸收来自太阳或太空的致命射线；

· 将地表温度维持在 15 摄氏度；

· 在流星到达地面之前将它们烧毁（到达地表的叫做陨星）。

如果没有水、不能抵御来自太空的射线，那么我们现在所了解的地球生命就不可能出现。

如果我们除去大气层中的水，那么剩下的则是：

· 氮：78.084%

· 氧：20.946%

· 氩：0.930%

· 二氧化碳：0.036%

· 其他气体：0.002%

我们大气层中的大部分水蒸气位于天空较低的位置，我们称之为对流层。云就是在这个高度形成的。

第九章

天黑了。周围一点声音也没有，提丹开始犯困。身旁的汤姆把书倒扣在肚皮上，正在对自己的未来做着美梦。

房间的另一边，一个警察倒在床垫上呼噜呼噜睡得很沉；另一个坐在盖板边的梯子上，他本来是监视两个孩子的，不过他也睡着了。

提丹脑海里出现蓝莓村的景象。

他看见他家的房子静静地立在村边的稻田里，然后他看见周围的云开始无情地、慢慢地缩小，他看见稻田的稻穗一把一把消失在空中。

这是他的噩梦。蓝莓村的房屋一间间地倒下，提丹看见他的母亲带着米蒂尔在村中的路上跑着，想找一处藏身之所，但找不到。有一刻，母亲抬起头看他，像是她能看到他，指着米蒂尔小声跟他说："救救她！"

突然，他家的房子从云层掉下去，摔到岛上。

提丹突然在床上坐了起来，大口喘着气。空气很沉重，他的头晕得厉害，气都喘不过来，他一时想不起自己在什么地方。

他的梦让他意识到一个严重的问题：他的母亲很可能逃不出来了。

看见汤姆和两个警察睡得正熟，他踮着脚尖，悄悄走过去打开推拉门，溜到平台上。

城里的灯光太亮，看不清天上的星星。可能是烟囱冒出的烟，形成了一层厚厚的浓雾，飘浮在房屋上方。提丹的心无法平静，从头上流下豆大的冷汗，他对自己说："米蒂尔、妈妈，无论你们现在在哪里，我都要把你们救出来。"

他想也没想就关上推拉门，从窗台跳到房子的墙角下。周围没有住户，他感觉自己的情绪稍稍稳定了。他自由了。

在黑暗中，他向城中走去。有士兵在街上巡逻，由于他们拿着灯，所以提丹很远就能看到他们，很容易避开。

他认出刚才走来时经过的房子。但他越接近市中心，巡逻兵越多。他心想："要想悄悄溜进城可不容易。"

他看见右边有座小山，上面没有巡逻兵的灯。他躲在房屋映在地上的影子里穿行，不一会儿就来到了山上。

到了上面他才明白为什么没人住在这里，因为这里是直上直下的峭壁，而峭壁下面就是城中的住宅区。提丹坐在峭壁不远处，望着城里无数的灯光，刚才一路小跑的气喘吁吁，终于在这清新的空气中平静下来。

云山上的天空很清爽，但天体的亮光无法穿透城市上空已被污染的空气层，只能看见最亮的几颗星星。提丹想起监狱里老人的话："过去，天上的星星比现在要多得多。"

提丹想到，也许以后的世界再也不能观赏星星了。"绝不能出现这样的事！"他这么想着，心情又紧张起来，于是站起身向悬崖走去。

"我和汤姆要找到米蒂尔！"他向正熟睡中的城市居民大声喊，"我们要打倒暴君，让人们看见夜空里的星星！"

就在此时，他面前的白云山顶上冒出了一个橘黄色的圆盘，月亮升起来了，几近满月。这个景象温暖着提丹的心，他重新坐下来，欣赏着这一幕，看着月亮在升空的过程中改变着颜色。

他又记起母亲的话："要想让世界进步就需要极大的勇气和胆量。"他正思考着如何鼓起勇气，突然看到一个影子飞快地在街上闪过。

难道是自己在做梦？想着想着，影子又一次闪现。

有人在跑。

这个人背着一个大背包，身上没有灯。

“看样子不是士兵。”提丹有点迷惑不解。

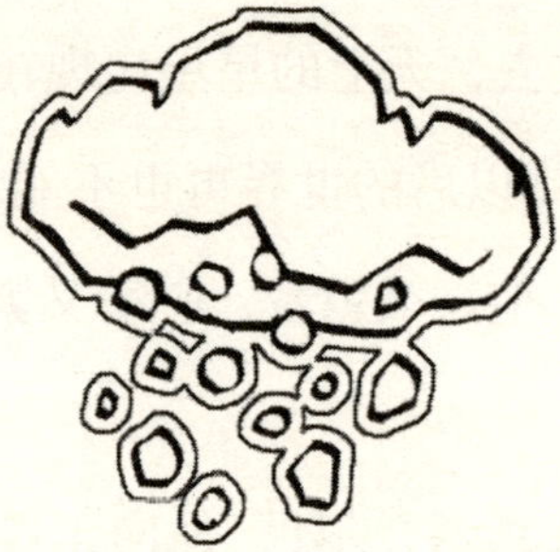

第十章

提丹的目光一直跟着那个黑影，看见他向巡逻兵直冲过去。提丹有点担心："这样可不行。"

但那个神秘的影子并没有在街上走，而是跳上墙头越过房顶，像一只黑猫一样在黑夜里行动。过了几分钟，他已经进入市中心而没引起任何人注意。

提丹会心地笑了。

当那人消失在市政府大楼的灯光后时，提丹便在楼顶和大街上搜寻他的身影，结果没找到。

"他到底去哪儿了？"他正琢磨着，突然听到城市另一边有音乐声响起，乐声划破了被污染的大雾。

"是梦笛！笛子手！但愿他爷爷能听见！"

提丹试图确定乐声的来源，但遗憾的是，士兵的哨声在空中吹起，音乐戛然而止。士兵们奔向四周，把城中心围了个水泄不通。

笛声再次响起时，声音从房顶一一越过。提丹和十来个士兵同时发现了他，他们大喊大叫在房下追着，想等他一落地就抓住他。站在山顶的提丹心突突跳，好像他就是士兵追赶的对象。

跑到城边，梦笛从房顶跳下来时正好落到士兵的面前，他撒腿就跑，跑得比士兵快。但他们毕竟人多，还有更多的士兵从四面八方冒了出来！眼看梦笛马上就要被包围了，他来不及多想，立刻跑向惟一一处没有士兵的地方，就是提丹所在的山顶。

提丹吓坏了，往四下看了看，没地方藏身！这可怜的逃犯没选对山头，笛子手正以惊人的速度往山上爬！还剩五十多米就要到提丹的身边了！他身后的士兵拉起弓弩没命地追上来。

“当心！”提丹大叫，“他们要射箭啦！”

“你是谁？”梦笛也大叫。

“市长的朋友！”

“你在这儿干什么？你有翅膀吗？”

“什么？”

“不许动！”追上来的一个士兵命令他们，其余人迅速向两个孩子包抄过来。

梦笛不再废话，冲过来抓起提丹就跳下了山崖。

“啊——”提丹大叫着向空中坠落。

“放箭！”

他们周围顿时箭声呼啸。

“抓紧我！”梦笛大声说。

笛子手跳水般向下俯冲。

梦笛拉了一下他背包上的两根小绳，背上立刻展开一对翅膀，风把翅膀涨满了，这减缓了他们下坠的速度。

还没等提丹明白过来是怎么回事，翅膀已经在夜空中滑翔，飞越了城外的屋顶。箭追不上了。

他们最终降落在郊外的一条街上，离刚才的山顶已经很远了。

“别愣在那儿，”梦笛一边收起翅膀一边说，“赶快回家吧，他们会四处找我们。”

提丹可不想放他走。这个男孩的右脸上有一道疤痕，一头金发，一双深色眼睛，看起来和他差不多大。

“你能教我飞吗？”提丹咧着嘴问道。

“快走！”梦笛冲他吼，“都是你，害我差点送了命！”

“什么？你才差点让我落难！”

梦笛把翅膀收进自己的大背包里背上肩。

“你知道怎么回藏身处吧？”他问。

提丹看看旁边的山丘，根本不认识，他迷路了。可他不想承认，因为对方有点自以为是。

“好像是那边吧……”他随便指了个方向咕哝了一声，“喂，我说，你怎么知道我有藏身处？”

“我知道你是谁，”梦笛说，“里特夫人跟我们讲过你和你的朋友。你最好别到处乱跑！有人为保护你们，正冒着生命危险。”

“冒生命危险？为什么？”提丹不解地问。

梦笛奇怪地看了看他，过了一会儿说：“我不知道，这不关我的事。你跑的时候不会被人发现吧。”

“我这辈子就只会这个。”

“那就跟上我，我送你回去。按照你刚才给我指的方向，恐怕永远也回不去。”

他们先是顺着路走，再爬上房顶从一个房子跳到另一个，时不时藏在烟囱后面。落到地面上后，又顺着只有梦笛才了如指掌的暗道走。提丹尽量不让他等自己，但笛子手还是得时不时停下等他，要不然他就被甩掉了。

二十分钟之后，梦笛带他来到一处山脚下。他把提丹拉到一个墙角里，几米外就是稻田。

“你的藏身处就在上面，现在认出来了吧？”

提丹抬起头，看见那房子被乌云遮住了一半。看到这是惟一没有支架的房子，他说了声："对。"

"你叫提丹还是汤姆？"

"提丹。"

他琢磨着要不要告诉梦笛他见过他的祖父，而且老人身体不太好。

沉默了一会儿，最后提丹决定说出来。

"你知道……"他转过身。

可梦笛已经不见了。

提丹耸耸肩往山坡上爬去，从平台溜进房间。汤姆和那俩警察还在酣睡，他在朋友身边躺下。

"我都飞过两次了还不知道飞是怎么回事。我得学，下次肯定有用。"这么想着他睡了过去。

第十一章

第二天早上，两个孩子一醒，警察就让他们爬下盖板进入潮湿发霉的一层，之后一个个爬进暗道。好在暗道还算干净。

“远吗？”提丹走了十几米开始问。

“嘘！”警察说，“别出声！”

他们在微弱的手电光中无声地向前走。

慢慢地，周围响起轰轰的声音，盖住了他们的脚步声。听起来像是有人在敲暗道的外壁，这令人厌烦的声音像是把全世界的噪音都叠加在一起了，单调得令人昏昏欲睡。对提丹来说简直就是催眠曲，他强打起精神才没倒在地上一睡不起。

“是雨声，”走在前头的警察说，“不奇怪，你们得学会习惯。我们有专门制造雨的云！怎么样，不赖吧？我们原来的市长对这个可得意呢。他常常说，‘这么一来，植物可以在管道里生长。’可惜暴君想把这一切都毁掉……”

汤姆还记得老市长的话，就问警察飞堡和空中巡逻队是怎么回事。

“我告诉你，那玩意也就能吓唬吓唬人，”警察回答说，“现在暴君肯定气得要命，因为白云城东边建的城堡几个月前停工了，空中巡逻队也没了……反正现在比以前少多了。谁知道怎么回事！”

“罗卜，要我说，”走在队尾的警察接着说，“暴君可不怕咱们。他知道假如真有事发生，暴风雪军队足以镇压我们。他们还会制造事端，为的就是能随便打人。我可真害怕他，真的。”

“别提了，”第一个警察又说，“听说法院大厅的扔刀事件就是他弄的，这样他可以趁机把自己的势力安插在城里。”

“没错，我也听说了。如果他的手下都这么坏，想想暴君是个什么样子吧！你看着，用不了多久，咱们就得管他叫‘国王’。他肯定会打败咱们……而且说实话，现在也差不多了。”

“别忘了，还是有人反抗的。”

“是啊，是啊，就是人数不够多。”

汤姆有些担心，他不再提问题，思考着暴君会让他父母、米蒂尔和村民们受什么样的罪。他还想，如果像这两个警察一样反抗暴君的人不够多，可能就救不了大家，更别说推倒专制统治了。他观察高个子罗卜，在狭窄的通道里坚定地走在最前面。汤姆觉得这个人一定很有决心。

一刻钟之后，他们穿过一道门，走进一个地窖。提丹半睡半醒地跟着汤姆和警察们来到房子的外面。

他们刚刚走过建在白云山坡高处的一个小镇，可惜这个小村庄比蓝莓村还小。汤姆有点失望地想："在这儿可找不到人组建军队。"

越过屋顶，可以看到提丹和汤姆的蜻蜓器坠机的那片草地。远处有大团的云雾被难以觉察的微风吹着，再过一会儿，太阳将要冲破云层照亮村庄。

汤姆心想："这地方真怪！没有花园，没有楼房，没有烟囱。只有装了风车的小木房子，跟蓝莓村一样。"

白云山上，有些男男女女从家中出来，来到村边的小道上。叫德尼的警察说，这些人正往稻田和风厂方向走，那里是他们工作的地方。他们得为白云城的居民干活，从日出干到日落。

两个孩子和押送他们的警察顺着村中小路往山下走，直到最后一座房子才停下来，再往下就是白色的平原了。有些

警察在那里等他们，提丹惊讶地发现梦笛也在其中，他正坐在台阶上。尽管提丹内心狂喜，却假装不认识他，怕万一有什么不妥。梦笛跟他说话时也是装作从没见过面。

“你，进去；你，待在这儿。”他分别指着提丹和汤姆说。

提丹和汤姆交换了一个眼神，便走进小房子。就在此时，太阳从云间冒了出来。

汤姆也在门口的台阶上坐下。他身边的梦笛正望着天，一颗流星划过天际。

“又是个凶兆。”笛子手说。

“这个现象跟吉凶没有关系，”汤姆说，“不过是块石头，因为进入了地球的大气层所以才燃烧起来，形成彗星的尾巴。其实白天也有很多这样的彗星，但太阳的光线太强，所以我们只能在晚上看见，而且只能看到大颗的流星。仅此而已。”

梦笛好奇地盯着汤姆：

“我有好长时间没见到像你这样的人了。”

“你说什么？”汤姆问道，他不知道这话是恭维还是讽刺。

“暴君不喜欢我们提有关星星、地球或其他任何问题，所以我们听不到像你这样说话的人。你很有知识。”

“是吗？”汤姆很吃惊，“为什么他不让你们知道这些事情?”

“如果大家都有知识，那么他的假话就没人信了。暴君总是在骗我们，他把人们都蒙蔽了，让大家认为这样更好，可以受到他的保护。没有人意识到暴君要摧毁地球，为的就是获得更大的权力。”

“这我都知道，我和提丹要改变这些。”汤姆说。

“哈，说起来容易!”梦笛笑起来，“你们能做什么?”

太　阳

年龄：46 亿年。

赤道直径：140 万公里（是地球直径的 110 倍）。

表面温度：5500 摄氏度。

中央温度：15000000 摄氏度。

中央压力：是地球表面压力的 2500 亿倍。

质量：是地球的 333000 倍。

地球到太阳的距离：1.496 亿公里。

太阳是一颗恒星。

恒星是一种密度很大、温度很高的球形物体。在它的核心，快速运动的原子核紧密地挨在一起，这个反应被称为核聚变，也就是小原子们聚合成大原子，同时释放出巨大的能量，主要以光的形式释放出来。

光要从太阳的核心到达它的表面，需要穿过层层障碍。

第一层叫做辐射带，光需要一百万年的时间才能穿过。

第二层是对流带，有大量极烫的等离子气体上升，像一锅煮开的水一样把热气向太阳表面推出。

最后一层是光球层，也就是我们在地球上可见的部分。光以及所有从太阳中心放射出来的射线，就是从这里向太空发送的。

太阳每秒钟将六亿吨的氢原子变成氦原子。如果我们能够全部利用上，那么太阳在一秒钟内发出的能量就足够我们地球使用数亿年。

光一旦从太阳射出，只需 8 分 30 秒的时间即可到达地球。

太阳光的成分：

· 可见光（包括从紫色到红色的所有颜色）50%

· 红外线（不可见）40%

· 紫外线（不可见，非常危险）10%

太阳发出的最强光线位于黄色光附近。

危险的紫外线被我们大气层里的臭氧所吸收。

第十二章

提丹一进门就停住了脚步：面前是一座楼梯，旁边有一个小楼梯通往地下一扇锁着的门；左边有一扇通往厨房的门，右边是敞开的圆拱门，通向一间客厅。客厅外强烈的阳光照进来，使提丹看不清里面的情况。

“提丹·德拉克，进来。”一个女人的声音在说话。

孩子往右边走了几步就呆住了，他不知道该说什么，雅吉·里特站在他面前。

“别怕，往前走。”

提丹惊讶地看着她，就是他在医院和法院见到的同一个人，可现在却完全换了个样。现在的她从容镇定，眼睛里闪烁着自信和智慧的光芒，让他想起自己的母亲。

客厅很舒适，两张沙发围着一张矮桌，桌面放着好多地图和图画。沙发上坐着一个皮肤很白的男人，眼神有些呆滞。他深色头发，胡子刮得不干净，穿着跟外面的警察一样的白色制服，大概三十来岁。他的眼神黯淡无光，似乎很疲倦、很忧郁，使得整个客厅都有些伤感。

“这位是瓦金中尉，他是白云城警察的头儿，也是我的贴身顾问。”

“曾经是，”男人纠正说，“现在暴风雪军官把我开除了。”

市长冲他瞪了一眼，随后向提丹微笑着说：

“你和你的朋友经历了千辛万苦才来到我们这里，对你们的遭遇，我表示非常同情。好，后来在医院的情况以及此后的事情都不用再提了。现在，你来回忆一下，给我讲一讲所有的细节，告诉我们，你们到底为什么来到白云城。”

中尉一直盯着桌上放着的一筒纸卷，似乎对提丹要说的事并不感兴趣。

“您是不是雅吉·里特?”提丹想确认一下。

“是，我就叫这个名字。”

“我母亲让我们找到您，再交给您一个小盒子。您已经从蜻蜓器上拿走了。”

提丹转向中尉，发现他对此一点也没兴趣。

“别害怕，说吧，”雅吉·里特说，“你完全可以信任他。”

但提丹不知道再说什么，其实他是在等她告诉他该做些什么……

突然，他记起梦里母亲嘱咐过的话，于是说：

“您应该帮助我们去解救米蒂尔。”

“米蒂尔？”女人有点吃惊。

“就是北方云国国王的女儿。暴君把她抓走了，我们必须去救她！然后再救我母亲！”

雅吉皱了皱眉，瓦金从迷茫中醒过来。

“你怎么知道米蒂尔被抓了？”他谨慎地问道。

“因为我们当时在场！”提丹生怕对方不相信自己，口气激动起来，“我和汤姆飞走的时候，看见一个暴风雪军官开着蜻蜓器把米蒂尔带走了，而且……”

“慢着慢着，”雅吉打断他，“没人怀疑你的话，但是你要从头说起。”

提丹只好一五一十地讲，也不知道什么信息有用什么没用。面前的两个人安静地听着。

“你们觉得他们会伤害我母亲、米蒂尔和其他人吗？”提丹讲完之后问道。

“你母亲和村民们我不知道，”雅吉想了一会儿说道，“也许他们能脱身。”

“那米蒂尔呢？”

前警察局局长用眼光征求女市长的意见，只见她点了点头，他便打开面前的纸卷递给提丹。

“这是我们今天才收到的，”市长说，“你来之前我们正在讨论。”

纸上画着米蒂尔惟妙惟肖的画像，这画家真不是吃闲饭的。画像下面写着：

国王诏令

北方云国之继承人米蒂尔

将与另外四个叛徒一起

于3月12日午时，在辛迪城中央广场

被处以甲板跳海极刑

国王万岁！

提丹的心里痛苦极了。

“什么叫甲板跳海极刑？”

“把他们的眼睛蒙上，让他们走过架在云上的木板。”

“还好，不算太严重。”提丹松了口气。

“走到木板的尽头，她就会掉下去。”中尉补充道。

“什么？”

“这是种极其残忍的刑罚，”中尉没好气地解释说，“在往下掉的过程中，人会看到自己过去的一切，有点像人一生的重放。这个过程很漫长，结果必死无疑……”

市长向他投去狠狠的一瞥。

“你马上给我停止胡说八道。今天已经是3月8日，我们只剩四天的时间想对策了。”

“如果我闭嘴就能解决问题，那就太好了……”瓦金叹了口气，“到达辛迪城得花一天的时间，另外需要一天在现场准备。就算是突击队，明天之前也必须出发。”

“那就这么办。”

“依我看，就算有人傻到愿意接受这个自杀性任务，也最好马上放弃，起码还能保命。”

“我一定要去，”提丹握紧双拳说，“谁也拦不住我。”

“再说吧，”雅吉说，“至于你，中尉，我建议你动动脑子，因为你就是突击队的一员。”说完她站起身，指着窗前的办公桌对提丹说：

“你的盒子在那里，好好保管。啊对了，最后一件事，别试图从这儿逃跑！我知道你昨天夜里出去过。别再故技重演！你的生命比你自认为的重要得多。”

说完她就走出了房子。提丹刚想到办公桌上去拿盒子，中尉拦住了他。

“这么说，你跟北方云国国王的女儿有过交往……”

提丹回过身点点头。前警察局局长用的是很职业性的审讯口气，他想确认对方是否在撒谎。

“你应该知道很多事！我敢肯定你一点也不傻。”

提丹想点头，但对方的目光令他很不安，让他不敢说谎。

“就是说，蓝莓村是著名的布里吉上校一手建成的，就是多年前跟随北方云国国王一起作战的那个人？”

提丹点点头，心想中尉的脑子可不够好使，这事他刚刚跟他讲过。

“这简直不可思议。这是你我的悄悄话，”中尉突然小声说，他的眼睛紧紧盯着提丹，“我真不敢相信，他居然没能成功保护那女孩。你呢？你怎么看？”

“我？我不知道。可能上校没想到他们会攻打过来。”

“嗯，这只是一种可能性……虽然不太可能，但也不能说完全没可能吧。”瓦金的口气听起来十分怀疑。

提丹不说话了，因为他实在没有其他解释可以向他提供。

“不，不可能，”中尉又说，“还是说说你的事，你说你是和上校的儿子一起逃出来的？”

“是。”

“是因为你母亲？她常常跟上校交谈？”

“是。”

“好吧，”瓦金想了一会儿，脸色阴沉地说，“这一切太蹊跷了！不过咱们还是得先想办法救米蒂尔，是吧？”

提丹差点跳起来，因为他看到中尉向他使了个眼色。

“别指望有奇迹出现，”前警察局局长接着说，“尽管我还有能力组织一场无望的救援行动，而且那里是我的家乡。”

要去攻打一个强于自己数千倍的敌人，似乎让他清醒了许多。

“这是我的家，”他说着往外走，“你随便点儿，我一会儿就回来。”

不过他并没马上走，只是长时间挠着头，显然他还有话要说。提丹一动也不敢动，仿佛一心等着他公布一件重大的决定。

“我刚才说的不算，你在这儿老实点，这是我的家。什么也别动。”

等他一离开房子，提丹就往办公桌扑去。市长拿走的盒子就在上面，敞开着。里面有一根绳子拴着一个透明的水晶石，石头里可以看到一抹奇异的彩虹。提丹的心一下子提到嗓子眼：这是母亲的项链！

地球的旋转

地球的旋转包括两部分，一是它的自转，使地球上形成白天与黑夜的循环；另一个就是围着太阳转，形成四季。

地球像陀螺一样自转，转一圈需要 23 小时 56 分 4 秒。这样一个周期叫做一个恒星日。在同一个恒星日里，如果你观察恒星，会发现它们不会移动。

由于有地球的自转，所以一个站在赤道上的人，哪怕他一动不动，仍以每小时 1674 公里的速度围绕地球轴心转动。因此，火箭发射就是利用了这个现成的速度，在离赤道最近的地方发射。离赤道越远，这个速度就越慢。

纽约以大约每小时 1275 公里的速度围绕地球的轴心转动。

巴黎和伦敦约 1070 公里 / 小时。

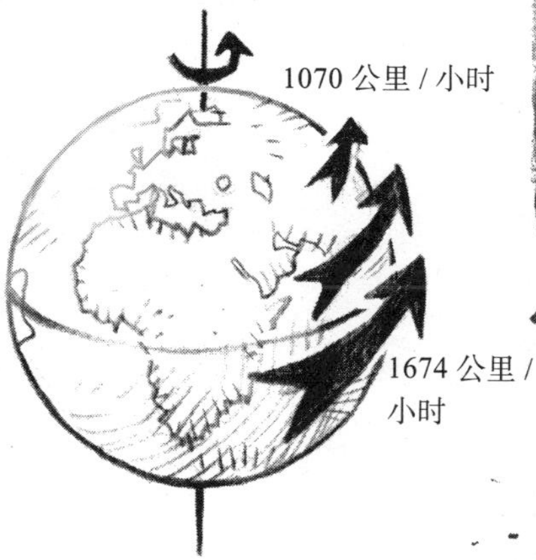

地球的两极几乎不动。尽管北极的速度为零，而赤道时速为 1674 公里，但比起地球围绕太阳转动的速度来说仍是微不足道。

恒星年就是地球绕太阳转一圈回到原始点所需

的时间，如果按一天 24 小时算，则需要 365.25 天，按恒星日算，则需要 366.27 个恒星日。

地球绕太阳转的平均时速约为 107000 公里，比子弹飞的速度快出 10 倍，这个速度对地球上所有人来说都一样。

用计算器可以算出你在任何一个地方围绕地球轴心的转动速度。

上网搜索你的住地所在城市的名字和“纬度”一词，就可以找到你所在地的纬度。

算出这个数字的余弦（在计算器上打出纬度数字，然后按 cos 键）。

再把得到的数字乘以 1674。

结果就是你现在的时速（公里）。

第十三章

汤姆进屋时，看见提丹正坐在客厅的一张沙发上。他戴着母亲的项链，水晶石贴在胸前，眼睛盯着矮桌上放着的米蒂尔画像。他的眼里有泪光，似乎哭过。

“这家伙真怪!”汤姆走近他说，“他盯着我看了好久。你跟他都说了些什么?”

“我把所有的事都告诉他和市长了，不过他好像并不相信。他觉得不可思议，因为是咱俩逃了出来而不是米蒂尔。”

汤姆的脸变得苍白：“他肯定认为咱们是胆小鬼，而我爸一点用也没有。”

“别这么说。咱们又不知道到底发生了什么事?”

可汤姆他是知道的，他知道应该是什么结局。因为暴君攻打的前一晚上他都听到了，他藏在稻田里，躲在德拉克家的房门后。应该是米蒂尔跟提丹一起逃命，而不是他。他父亲的失败没准就是因为他，一想起父亲被捕的时刻就令他心疼。他低下了头，眼睛落在提丹正在看的画像上。

画上的人他似曾相识，几秒钟以后他才认出是米蒂尔，他扑了上去大叫：

“什么？他们要杀她？四天以后？”

提丹脖子上挂的德拉克太太的水晶石变得冰冷，冷得令男孩抖了一下。他内心深处的愤怒让他感觉到从未有过的激动。只一瞬间，他觉得白云城上空所有云的能量都集中在他身上，一种电能式的力量扩散到他的皮肤上，并深入每一根神经，令他对暴君的仇恨达到无以复加的程度。他甚至感觉自己能够呼风唤雨。就在他想尝试一下的时候，水晶石烫了一下他的皮肤。他回过神来，脸色苍白，精疲力竭。

“咱们得去救米蒂尔！”汤姆继续说，他找到了从父亲的失败中弥补一切的方法。

“没错，”提丹虚弱地小声说，“中尉正在想办法。”

“太好了，咱们也想想办法。你知道辛迪城在哪儿吗？”

“中尉说，有一天的路程。”

汤姆盯着提丹，以为还有下文，却没发现他的朋友虚弱不堪，甚至在发抖。

“我有点饿，”提丹站起来说，“脑子不转了。”

汤姆看着走向厨房的他，摇了摇头。看来提丹还是没变，精神一分钟都集中不起来。

他把米蒂尔画像下面的地图展开，他需要拟定一个作战计划！“这些地图肯定能给我提供所需要的信息。”他心想。可惜上面的地名和图标都是用他看不懂的文字写的，不过下面还有一张盖住桌面的大幅地图他能看明白。

这张地图画的是整个云间众国，从最西边的海一直延伸到东边中央王国的边界，白云城在中间。汤姆想在地图左边的大海中找到一个小白点，上面应该写着蓝莓村……结果没找到，原来蓝莓村根本不在地图上！他又向右找去。

有人用绿色和浅棕色的铅笔在白云城周围涂了色，形成山的形状。汤姆心想：“这些应该是真的山，就是地球表面高耸的地面。”

地图的右边，有一半的区域被一层白云覆盖，地图上标示，那边是暴君王国最西边的地盘。有个黄色的塔应该是尚未建成的飞堡，警察罗卜曾经说过的，就在山岩的后面。地图边缘写着几个村落的名字：格里兰镇，马尔斯特城……辛迪城！

有条白色的云带从左至右贯穿地图，辛迪城就在地图的右上方、这条云带的下面。汤姆无法判断需要飞行多久才能到达，但他感觉辛迪城很远，远得简直来不及去救米蒂尔。

“看我找到了什么！”提丹兴冲冲地回到客厅。

正聚精会神思考的汤姆被吓了一跳。他的朋友抱回了一堆食物，还塞得满嘴都是，而且笑得依然灿烂。

汤姆问：“你肯定中尉说过要一天的时间才能到辛迪城吗？”

提丹在他身边坐下来：“没错，他应该很清楚，因为那里是他的家乡。你问这个干什么？”

汤姆正在想更重要的事，便没回答他。过了一会儿，食

物的香气终于阻止他的脑子再继续想下去。提丹吃东西的样子实在难看，汤姆再也抵抗不住了，扑向食物。两个人把东西吃得一干二净，吃完后动弹不得，只好顺势躺在地上。屋外的阳光从窗户照进来，温暖着他们的脚。不知这样过了多长时间，等他们再拾起话头时，客厅里已经没有太阳了。

“这个雅吉·里特，她怎么样？”汤姆问。

“可好了！”提丹兴奋起来，“她把我母亲的盒子还给我了。”

“真的？里面有什么？”

“是我母亲的项链。”

“就是她到蓝莓村时戴的那个？”

“应该是吧。”

“我能看看吗？”

提丹从领子里掏出水晶石，两个人欣赏着石头里闪耀的彩虹。提丹感觉这石头的光泽正在保护着他。

“这是什么东西，怎么会发光呢？”汤姆嘀咕着。

“我不知道，它刚才还烫了我一下。”提丹并没提起刚才他全身获得巨大能量的感觉。

“我看你最好还是把它收起来。”汤姆有点不放心。

提丹听话地把石头又藏回衣服里。与此同时，门被猛地推开又砰地一声关上。

“德拉克！布里吉！跟我来，快！”中尉大叫道。

他们听到书掉在地上和花瓶打碎的声音……他们向大门口跑去。中尉已经把所有的柜子推倒，整座房子仿佛要被毁掉，像是他根本不打算再回来。

“暴风雪军队正在搜查村子，”说着他把一个柜子推到窗户前，“他们在找你们，得赶快离开这里！”

这位原警察局局长像是变了一个人，刚才还懒洋洋的，现在一下子变成了指挥官，他的话就是命令。

“去地窖找件衣服换上，我们五分钟后离开。”说着他递给汤姆一把钥匙。

“去哪儿？”提丹问。

“不许提问！行动！”

提丹和汤姆向楼下奔去，打开门进入地下室。灯自动亮了，他们看到墙上挂着一整排弓弩，架子上放着很多套装和白手套，头盔和靴子摆在墙脚，这些足以装备一整个突击队。他们急忙找到自己的尺码换上。

中尉抱着三个大包大步跑下楼梯，向每人扔了一个包：

“他们来了。”他边说边换衣服。

之后他把手伸到柜子后面，木板墙转动起来，后面出现一个楼梯。两个孩子跟着他向下跑，来到村子下面的一个吊桥上。这里风雾交加，阴暗潮湿，几千米以下的地球表面覆盖着一层灰蒙蒙的浓雾。

桥上每十步就有一根绳索从云层上吊下来。中尉爬上其中一根绳子，打开了一个盖板。强烈的阳光照花了孩子们的眼睛。

“以最快的速度跑到风墙下，竭尽全力从两个红色指示灯中间跳过去。”中尉命令完毕便爬了上去。

提丹和汤姆也爬了上去，上面是平原的中央，距他们之前待过的房子几百米远。他们看见士兵们占领了村里的街道，并向他们这个方向跑过来。

浮桥上的其他几个盖板都打开了，中尉的部下一个个冒出来向村外跑去，这场面把提丹和汤姆吓得一动也不敢动。

突然，一支飞箭射到两个孩子中间，把他们一下子惊醒。他们跟着中尉和他的部下一起跑，所有人都朝着风墙奔去，冲进漂浮着的巨大云团中。

中尉已经跑到平原的尽头，他把两个红灯放在两块云团的接缝处。

提丹和汤姆眼看着中尉的人开始加速跑，一个个跳进两个红灯之间，瞬间消失在云团之中。

“过来！从这儿跳过去！”瓦金指着两个红点大叫。

两个孩子拼命跳了过去，一股神风把他们往上吹，双臂在空中乱摆，向上飘了一会儿，落到离风墙十五米左右远的一条结实的小路上，旁边是之前跳过来的人。

红灯灭了，一帮人屏住呼吸。过了一会儿，瓦金也跳了过来。

“走！”他站起身招呼大家。

大家一起向云中奔去。

暴君的士兵来到风墙处，在云雾中四处搜寻逃跑的众人。一名军官想找出一条小路，但雾太浓了，他没有成功。他开始担心自己的性命，因为暴风雪军官马上就要到了，他不会饶了放走逃犯的他。

他转过身随手指着一个士兵说：

“你，跳下去！”

被不幸选中的士兵吓得直向后退，军官举起弩指向他的眉心。

“你只有五秒钟。”

可怜的士兵只好跳下去，墙的另一边没有任何可以着陆的地方，他笔直地向大地落去，风刮散了他的叫喊声。

“下一个！”军官继续命令，又随便指了一个人，“肯定有通道，我们要在暴风雪军官到来之前找到它。”

大气层的电流

原子构成了我们周围的一切事物，它的中心是原子核，带有正电，原子核周围有许多带负电的电子，抵消原子核的正电，使得原子本身不带电，否则我们的身体将会像磁石一样。

太空里的一些光（尤其是X光和太阳发射的紫外光）在接近地球时会撞击我们大气层内的原子，从而剥离它们所带的电子。因此有时，电子会游离出来影响无线电波。

原子在丢失了一个或几个电子后，就变成了正电粒子，我们称之为离子。我们地球的大气层最高处充满了这样的离子，我们称之为电离层，高度一般在50至1000公里之间。

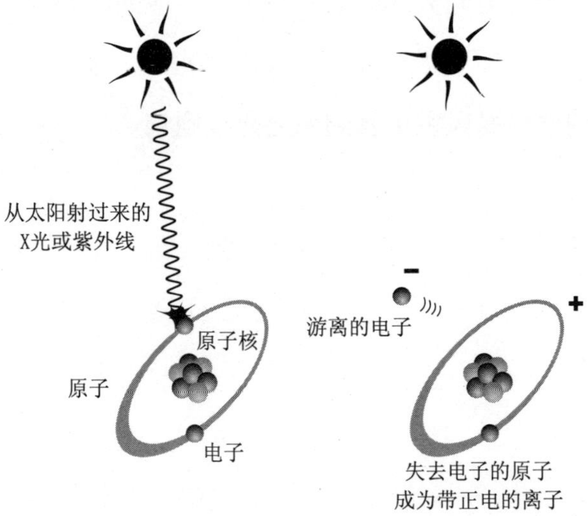

第十四章

上千种不同色调的灰色云雾包围着提丹、汤姆、中尉和他的部下。他们排成一列走在云雾缭绕的山谷中。

风夹杂着雨滴打在他们的脸上，把他们走过的云雾吹成峭壁或沟堑。一行人像一群蚂蚁穿行在两座巨大的蒸气雾山之间，惟一能看到的只有头顶上一点点缝隙露出高远的蓝天。

提丹和汤姆正跟着大家没命地跑，突然听到一个沉闷的巨响把他们从头到脚震得直抖。

“什么声音？”提丹恐惧地抬头望着身边巨大、阴暗而且还在动的峭壁。

“卧倒！”中尉吼道。

一道蓝色的电光在他们左上方的云中划过，紧随其后的是，一声异常沉闷的雷声响起，声音震得人几乎站立不住。

汤姆捧着头，感觉地球已被劈成两半，简直就像世界末日。但雷声过去，云却没受到任何冲击。

“继续走！”中尉叫道。汤姆掉到队伍的后面。

提丹还蹲在地上，被刚才巨大的响声震懵了，他母亲的水晶石又一次在他的胸口发烫。他闭着眼睛，被天空的怒吼所震慑，脑袋里出现一个幻觉——身处太空中的自己看到了整个地球，是的，还带有龙卷风！——只一眼，他就看到了地球的美和力量所在。

“太壮丽了！”他这么想着，一抬头看到队伍已经走远了。

他的周围变成了一片混沌，有灰色和白色的影子。提丹还在哆嗦，但已经不害怕了，因为他感觉地球和他融为了一体。

他看见汤姆朝他奔来。因为看见提丹落队了，汤姆便跑回来找他。

“你不舒服？”汤姆问他。

“正好相反，”提丹回答，他心中突如其来的快乐与现实的处境很不相符，“走吧！”

他们追上队伍。云被照亮了，阳光照耀着每个人的步伐，这似乎预示着一个好兆头，大家都感到非常振奋。

突然之间，他们走出了浓雾，脚下的大地再次出现。

提丹张开双臂拥抱眼前的景色：

“看呀！”

汤姆没说话，面前的美景令他震惊。他是第一次看到这样的地球。

大陆一直伸向远方，在天的尽头，巨大的山峰将阳光普照的大地与蓝天分割开来。云彩东一朵西一朵，有的像烟团，有的则像白色的巨塔。

“这些美景若不是跟所爱的人一起欣赏，便一钱不值。”中尉的话冷冰冰，他就像个普通观众一样站在他们身后，站在一个被隐藏在云雾之中的洞口前。现在逃跑的任务完成了，他的情绪又一落千丈。

“我们几分钟之后起飞，”他向两个孩子宣布，“待在这儿，等我们做好起飞的准备。别走远，别掉下去。想死以后有的是机会。”

“咱们逃脱了吗？”提丹迫不及待地打断他说，“他们还能追上我们吗？”

瓦金点了下头，又摇摇头。确实，他们成功了，敌人也追不上了。就算暴君的人找到云中小路，他们也没法走上去，因为雅吉·里特会把风厂的风引上去，摧毁这条路。等暴风雪军队修好路再乘飞行器追赶过来，他们已经逃远了。

“您要带我们去辛迪城是吧？”汤姆问。他担心中尉会把他们撂在半路独自去救米蒂尔。

瓦金似乎并没有这个意图，他点点头。

汤姆和提丹相互看了一眼，放下心来。

“没人愿意打仗。”中尉说完转身离去。

“这家伙可真怪。”汤姆看着他穿过了云雾走进隐藏其中的洞口。

两个朋友坐下来望向东方。

在他们的面前，东一条西一条的蓝色长河从山上流下，将山景分割成不同的色彩。汤姆想起他在中尉的客厅里看到的那幅地图，顿时，他知道他们在哪里了！

“你看见那边的山了吗？”他指着远方问道，“那山的后面就是暴君的王国。”

地球表面的电

构成物质的原子的中心，即原子核，有点像很多小弹球聚在一起。这些小弹球我们称之为质子和中子。原子的原子核有可能分裂成两个，因而变得更小。这个变化，我们称之为原子核的衰变。

我们可以认为，原子核的衰变并不是原子消失了，而是变成了更小的新原子，并释放出负电荷。这种现象在我们身边随处可见，甚至就发生在我们的身体里面。

我们把这种自然现象称作放射性，但我们无法知道什么时间什么地点会出现这种现象，只能大概知道某种物质在一定时间内会有多少原子发生衰变，这样我们就能了解这个物质的生命周期。比如植物和骸骨，以它们内部的同位素碳 14 衰变了多少来计算它们存在了多长时间。

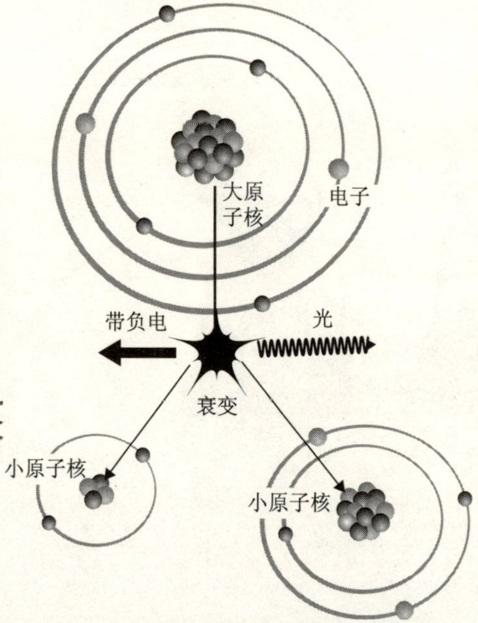

自然界的放射性，即向我们的地球表面释放负电。

第三部

暴风云

第一章

不幸的蓝莓村村民在暴君士兵的推搡下，走向未知的劫难。他们走在一条冰霜密布的云中小路上，这片云位于海洋上空非常高的卷云层。

透过卷云，仍可看到火山口，只是这里的云已经不再是米蒂尔、提丹和汤姆从小长大的地方了。

双手被反绑着的米蒂尔坐在一架飞行器上，她的眼睛没有离开过不幸的村民们。她看到布里吉上校由五个士兵押送；阿祖先生低着头走路，脸色白得像他脚下的卷云；贝尔校长也在，虽然被捆绑着，但仍不失时机地给村民们打气。

他们走了还不到一百米，已经有人冷得支撑不住了。

米蒂尔整个精神被抽空了，尽量不听押解她的飞行员所说的话。她在人群中寻找德拉克太太、汤姆和提丹。提丹母亲的双手并没有被绑，正在躲避一个在她身边飞来飞去的暴风雪军官，那人似乎在邀请她上飞行器。

她没有看到提丹和汤姆。

坐在她前面的飞行员说："所有的俘虏都将成为奴隶，他们很快就会知道这个消息，这样可以有足够的时间来感谢你的父亲把他们抛弃。告诉你，两个月之后，他们就会后悔没有死在战场上。"

米蒂尔控制着自己不流泪，她要坚强起来，因为是她自己选择跟村民们同生共死。她还尽量不责怪父亲，但很难做到。

"还好汤姆和提丹逃脱了……"她这样想着，给自己打气。

飞行员开始加速，村民们从她的视线中消失了。

他们飞行在云上、土地上、山上、海上……到底飞了多长时间，米蒂尔说不出来，她的脑海里满是村民们被捆着的景象，她已经忘记了时间。

在海上飞了好长一段时间之后，她看到一朵状似铁砧的怪云孤独地立在那里，像是在天上悬空着。它平坦、黑暗的底部正在下暴雨，在数千米之下的海面上砸出水坑。

"你肯定急于见到你的新国王，"飞行员还在喋喋不休，他驾驶飞行器向云端飞去，"告诉你吧，快到了……"

米蒂尔心想："我永远不会管他叫'我的国王'。我甚至不要看到他。"

铁砧云上矗立着一座城堡，周围是高耸的城墙。现在才下午，城墙上却已经点燃了上千支火炬。整个城堡是由透明的、巨大的厚玻璃似的材质建造的，中间有深色大木柱加固。

城墙下面是一座壮观的园林，里面的草木都由热量供应系统来控温，其中还有几座奢华的小宫殿。尽管这个世外桃源所在的怪云形状有些令人生畏，但这一切却显得安宁而富贵。

飞行员将飞行器落在城墙透明的大门前面，门上倒映着深蓝色的天空，显得很庄严。

他站起身高兴地说："多好的天气！"一边说着一边还伸伸腿，向坐在飞行器后面的米蒂尔眨了下眼。

"因为有了你，我就可以获得提升！没准还能当上暴风雪军官！抓到你真是我的运气！怎么样？现在做好准备去见你的国王了吧？"说完咧嘴大笑。

女孩回答："看样子，您的升职机会确实少得可怜。"

飞行员的脸僵住了，上唇气得直发抖。他走近女孩，把她从座位上猛地拽出来，推倒在地，正俯下身去想威吓她时，身后传来一阵划过冰面的声音。

城门打开了，号角声响了起来，风中奏起军队进行曲。一百多名站得笔直的皇家士兵在一张巨大的地毯上排成两列，他们身上绣着金线的披风被风吹得呈浪花般起伏，从城墙一直延伸到皇宫门口。

飞行员一把拽起米蒂尔，押着向前走去。

米蒂尔高昂着头，走在夹道欢迎的士兵中间，怒视了一眼她身边的飞行员，因为她对他自高自大的神情十分反感。飞行员显然没有料到会受到这么隆重的欢迎，他昂着头，目不斜视地往前走，沉浸在洋洋得意的情绪中。

米蒂尔走到宏伟宫殿的台阶前，停下了脚步。

“你可真是个伟大的士兵啊！”她看着身边自负的飞行员，嘲讽地说，“抓到我这么危险的战犯，你的母亲一定会为你自豪！”

飞行员的眼睛里恨得要冒出火。他咬紧牙关，假如他是单独跟这个不知天高地厚的小姑娘在一起，他会一巴掌打上去。但这里目击者太多了，他没办法，只好抓起米蒂尔的手铐使劲往上抬，狠狠地扭住她的胳膊。尽管疼得钻心，米蒂尔却一声不吭，不让他有任何得意的机会……

飞行员就这样拎着米蒂尔走上台阶，明知道每一个动作都会让她痛苦不堪。到了台阶的最上面、宫殿巨大的入口处

时，他才松手，却站在那里有些不知所措。

城堡的设计就是为了给初到这里的人一个威吓：木柱和透明墙体的质感反差很大，远处看起来还算美观和纯净的东西，近看却有些吓人。在深色木雕大门的附近，矗立着一排高大的玻璃似的立柱，支撑着巨大的屋顶。屋顶上的木房梁雕着巨鸟，可怕的翅膀、尖利的爪子、血红的眼睛，使它看上去活灵活现，像是随时准备扑向接近皇宫的不速之客。

连押送米蒂尔的士兵也吓得直哆嗦。公主的心里也深感忐忑，暗暗揣摩她是不是这座建筑主人的对手……

飞行员烦躁地整理着衣服和靴子，显然他认为会受到皇家级的特殊待遇，甚至可能受到国王的亲自接待。这时城堡的大门慢慢打开，一个管家向他们走过来。

“活该，他就该受到这样的待遇。”米蒂尔心想。

管家在小女孩面前弯下腰，向她表示道歉，说国王暂时不在。他看见她双手被反绑在身后，便向飞行员投去不满的目光。

“请您将陛下尊贵客人的双手解开。”他用不屑的口吻说。

飞行员立即执行。

“请殿下随我来。”管家对米蒂尔说道，没再理会飞行员。

米蒂尔走进一个大厅，门把飞行员挡在了门外，他只得干瞪眼在门口傻站。

皇宫入口的大厅里点着上千支蜡烛，墙上、地上、柱子上，所有的地方都布满了精细浮雕。

大厅连通着数不清的会议室、会客室和宴会厅。

米蒂尔对皇宫的金碧辉煌一点也不感兴趣。

"'陛下尊贵的客人'……管家是这么说的，他肯定是搞错人了。"米蒂尔心想，同时，墙上挂着各种猫头鹰的标本吸引了她的注意。

"真恶心！"她忍不住说。

"小姐，这是您的看法，"管家说，"但陛下认为很美，他把它当作人类战胜自然的象征。"

"就是难看！"

"请这边来。"

皇宫管家带着她走进一个过道，又来到另一个过道，穿过好几个大厅，又上楼梯，中间遇到十几名仆人，都向他们低头致敬。

管家终于停在一个木门前，可米蒂尔已经完全忘记来时的路了。她走进一间带落地窗的客厅里，厅中洒满了落日的余晖。

“这是您的套房，”管家说，“您请在壁橱里自取晚礼服和皮鞋。八点用晚餐。我准时来接您。”说完他弯了下腰，走出去时带上了门，把米蒂尔一个人留在这里。

米蒂尔完全糊涂了，她现在还是囚犯吗？她悄悄按了按门把手，门没锁！她往过道里张望了一下，一个人都没有！

“八点？”她说出了声，管家的话似乎还在耳边，“晚餐？难道我自由了？”

尽管糊涂，但她还是想到一个非常实际的问题，眼睛开始四下搜寻有没有挂钟。客厅的中央有一张长沙发和两把扶手沙发，围着一张水晶矮桌。落地窗的对面是一张雕刻华丽的大书桌，还有一把老式椅。一切都笼罩在橘黄色的晚霞中。

没有挂钟。

窗户的右边有扇门，米蒂尔走近轻轻地敲了敲门。

没人应。

她悄悄打开，是一间卧室，一张像布里吉家客厅那么大的床占据了大部分地方。这里有个挂钟。

米蒂尔踮着脚尖绕过床，像是怕床上睡着人，用手指摸着窗帘、挂毯、床罩和家具，一切都很柔软、温暖、奢华！

她打开一个柜子，里面挂的全是华丽的丝绸裙子。她看着，欣赏着，却不敢穿。之后她又看到十几双鞋子整齐摆放在架子上，双双颜色不同。她的头开始发懵，她在扶手椅上坐下来，想不清楚到底发生了什么事。她还穿着从蓝莓村来时的破裙子，与这个奢华的地方形成鲜明的对比。

突然，挂钟的滴答声引起了她的注意，她一看，已经八点差十分了。

米蒂尔盯着挂钟上的指针，眼看着时间流逝。

八点差五分。

有人敲门。

小姑娘看着自己皱巴巴的裙子猛地跳起来，她从柜子里扯出一件最简单的裙子急忙换上，又套进一双平底皮鞋向客厅跑去。

管家站在门口，像刚才一样客气庄重地说：

“小姐将与陛下的几位政府官员一起用晚餐，请跟我来。”

大气层如何散发太阳的热量

地球是围绕着南北轴自转的一个球体。太阳照射着球面时，赤道附近接收的热量要比极地附近高。大气层在把能量释放到太空之前，会先在地球上散发这些热量。

赤道附近的热气会升到高空，并带走许多水蒸气，一直上升到 17 公里左右的高度，在此过程中，空气冷却下来，水蒸气会变成水滴。因此赤道上空会形成很

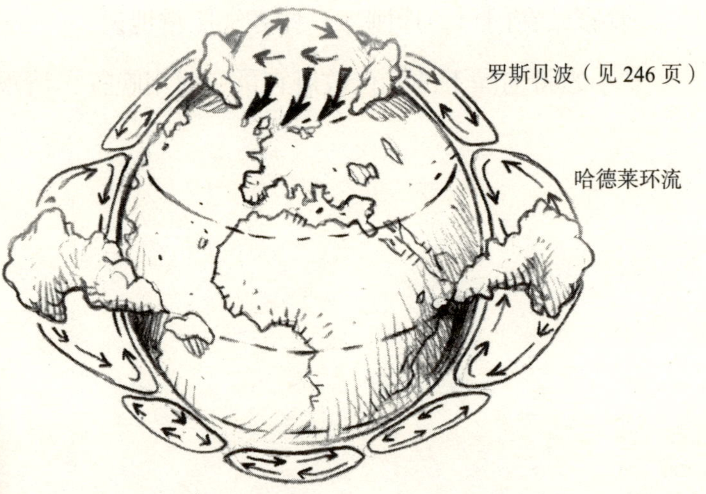

大的云团，雨水也多。

空气上升到 10 至 17 公里的高度时便向极地扩散，通过下雨失去水分，剩下的干燥空气在北回归线（北半球内）和南回归线（南半球内）的附近下降。正是这些干燥空气的下降，使得亚热带地区（即接近热带的地区）的雨量不多，因此那里有很多沙漠。

干燥的空气一旦下降，便向赤道方向返回，并在地球表面形成风，我们称之为信风。信风吹向赤道，一年四季吹个不停，加之地球在自转，所以大洋上的船只便会向西驶向赤道。

最终，这样便在大气层内产生了空气的循环，形成一个热量分散系统，即被太阳照热的空气在赤道附近上升后流向两极，再在亚热带附近下降后返回赤道。

这个循环我们称之为哈德莱环流。

第二章

客人们站在各自的座位后面闲聊，等着国王的到来。

桌子大概有二十多米长，上面放着闪亮的水晶杯、洁白无瑕的瓷盘和金色的餐具。墙上挂满了皇室家族的画像。

管家把米蒂尔带到她的位置上，在长桌的右边，位于两个暴风雪军官中间，他们穿着绣了特殊图案的长袍。她看见还有几个客人穿着军服，其他人都穿便服。“官员……”她感觉这些男女官员们都有些惧怕国王的到来，他们远离家乡的云，尤其是远离自己的军队。

首席是一张王座，等待着主人的出现。高高的椅背上雕刻着皇家徽章，后面有一块紫色的布帘挡住了一幅神秘的画像，只看得见画框的下方。

似乎没人注意到米蒂尔的到来。一位长得丰满结实的女人梳着一种奇怪复杂的发型，云朵形状的髻一个摞一个地堆在头顶上，只有她吃惊地看着小姑娘满头脏乱的头发。

一声铃响，大家安静下来。

有个男人走进大厅，客人们弯腰迎接他。

这人一身白衣，褐色头发，胡子修理得很整齐，只在肩上披了一件黑色丝绸披风。他走向王座坐下来，看他高雅的举止，想必是国王无疑。

尽管这人威望十足，但米蒂尔还是感觉有些吃惊，因为他看上去虽然威严却又不堪一击，虽然富足却又有难言之隐，似乎他难以抉择该表露何种表情，只好全部写在了脸上。

国王专横地大手一挥请客人们入座，一顿美餐马上就端了上来。只是用餐的气氛有些压抑，大家都只小声地跟旁边的人说话，生怕惊扰了国王。

米蒂尔的对面坐着那位丰满的女人，她的旁边是一位小个子男人。米蒂尔听见他自我介绍说是毕兰长官，他正大肆谈论他对“农业革命”的看法。可那胖胖的女人似乎对他的言论并不感兴趣，她不回答他的问题，反而向他描述自己国家的云。她说的是极光之国，米蒂尔知道那是父亲的邻国。他们之间的谈话一点也没意思，可看上去两人好像相互很欣赏。

尽管她不太明白，米蒂尔还是饶有兴趣地听着对面两个人的谈话。她听他们说冰晶在天空中可以出现很多奇特的形

状，比世界上任何首饰都好看；而在太阳光的照耀下，这些冰晶会出现奇幻的彩色光晕。她还听到，在北方，经常可以看到万花筒似的、诗一般的彩云。按这个胖女人的说法，这些云彩与世界上任何其他地方的都不同，不是由水滴组成的，而是由色彩组成的。

米蒂尔被她的描述迷住了，盯着她看的时候，正好她也回过头来，两人四目相交，小姑娘在她的眼里看到一抹温柔的目光，这是其他客人所没有的，也许坐在胖女人旁边的男人也有一点。她的脑海里突然闪现一个念头，赶走了她的恐惧。

难道这个梳着奇怪发型的女人讲述北国的云彩，其实是为了说给她听？她和这个男人如此无聊的谈话是因为知道她的处境？他们是不是在向她暗示什么？

女官员的目光离开米蒂尔的眼睛，往上看着她凌乱的头发。过了一会儿，她身子向前倾，想跟小姑娘说话。米蒂尔身边的两个暴风雪军官也停住刀叉专注地听她讲话。

“亲爱的，我们应该帮你整理一下头发，你不觉得吗？而且我们也该关心一下你的身材。别吃甜食。”

米蒂尔脸红得像朵花。

胖女人接着说：“我的理发师明天早上到你的房间去，不用多少时间他就会弄妥……反正，他会尽快。”

她又重新盯了米蒂尔一会儿，很内行地加了一句：

“仔细想想，可能还是需要至少半天的时间……”

米蒂尔非常不自在，不知道该如何回答。这时女人自顾自看着指甲，露出不以为然的表情，像是还想说点什么。这时大厅里响起了几声清脆的声音，有人用金制餐刀在水晶杯子上敲几下。

声音在大厅里回响，之后死一般沉寂。

至此为止，一言未发的国王要讲话了。

第三章

“官员们，”他的声音威严而温柔，“你们将有幸亲眼目睹一次处罚，目的是让你们在决定支援反叛者之前，先想想清楚。”

餐桌上发出受惊的骚动。

坐在米蒂尔对面的小个子男人开始咳嗽，胖女人则开始哆嗦。暴风雪军官们眼中更多的是冷漠，观察着客人们的反应。

“我们当中有叛徒，”国王继续用冷峻的口气说话，“我的反间谍中心只向我提供了一个名字，但我知道所有叛徒的名字，处理他们只是时间早晚的问题。”

客人们不安地发出叫声：

“陛下！您怎么能相信……”

“我敢向您保证……”

“不是我！”

小个子男人的咳嗽声越来越大。暴君一动不动地盯住

他说：

“您怎么看，毕兰官员？您应该成为这些尊贵客人的榜样，对不对？”

小个子男人想止住咳嗽抗议，可没法，他根本停不下来。

“把他带走！”国王命令道。

两名士兵闯进客厅，不由分说地把男人架走了。他的咳嗽声还响了好一会儿，之后就没声音了。

暴君面无表情地说：“消灭了一个可恶的叛徒。”

没人说话，没人动。所有的人都盯着眼前的杯子，像是在想同一个问题：“这里面有毒！”

“好极了。”国王说完转向米蒂尔。

“你们当中有些不幸的人遇到过这孩子的父亲，之后他就消失了，胆小鬼。这个人之前是国王，可惜他接受不了先进和科学的理念。如你们所知，我必须把他从王位上赶下来，这是为了全人类的福祉。”

所有的客人都转向米蒂尔。

“现在他的女儿就在这儿，来给这场可恶的叛变画上句号。那次叛变使她父亲的国度处于动荡中，现在她正式投在我的旗下。”

还在恐惧中的客人们机械性地鼓起了掌。极光之国的代表也在鼓掌，可她脸色煞白，正极力忍住泪水。

“当然，”国王继续说，“如果这孩子拒绝合作，等待她的就是死亡。”他举起杯子，所有的客人也都举杯，只有米蒂尔没动。

“国王万岁！”大家齐声喊。

独裁者喝了口酒站起身，标志着晚餐结束。他一个个审视着客人的眼睛，继续不慌不忙地说：“叛徒是整个星球的败类。他们会被打入第九层地狱永世不得翻身，我会把所有的叛徒都送进去。”

等国王离开，官员们向暴风雪军官投去僵硬的微笑，好不被他们当作叛徒。刚才客人们都举了杯，可没人敢喝，都怕里面有毒。他们就这么待着不敢开口，却又想着尽快离开此地。米蒂尔注意到有人的额头上流下大滴的汗珠，甚至从来没想过要帮助起义者的人也都暗自捏了一把汗。

小女孩看见梳着奇怪发髻的胖女人眼中充满悲哀，她刚刚失去一位朋友。当她的目光与米蒂尔的接触时，她湿润的眼睛仿佛在说："孩子，你不是孤军奋战。"

公主真想扑到她怀里，但她身边的两个暴风雪军官把她带了出去，送她回到了自己的房间。

"陛下明天早上七点接见你。"其中一个站在门口对她说。

这一次，门被反锁上了。米蒂尔只好脱下裙子，换上蓝莓村的破裙子倒在宽大的床上，她蜷缩着双腿，双手抱住脚踝，全身发抖。

她闭上眼睛，感觉自己的勇气在一点点消失，渐渐地，眼前却出现一个年轻女孩的形象。

开始很模糊，像镜子一样透明，然后身形渐渐清晰，影像周身的皮肤流动着彩色的暗流，有些是蓝色的，像是来自心脏，有些是红色的，连接着她的四肢。

她的心开始狂乱地跳，影像周身的暗流也开始快速流动。面容渐渐清晰了。

……地球处于危险中……

……你要选择自己的命运……

……孩子，你不是孤军奋战……

阿祖先生、德拉克太太和极光之国的好心女人的声音在她耳边回响。

那个影像中的女孩的嘴在动。

“你永远不能与暴君为伍……你绝不能让他继续作恶……你要收回你的国土，拯救地球……”

突然，米蒂尔认出了透明女孩，原来就是她自己！她睁大眼睛，喘着气，全身湿透。

像是被一根木偶线牵着，她伸开双腿躺得笔直。

她深吸一口气，感觉有一道光从自己的身体里射了出去。

她又闭上眼睛，尽管疲惫不堪，但内心的安宁战胜了恐惧，她不再发抖。

她还想再看一眼自己的形象，但看不到了，她的面前只出现记忆中的提丹，他在她的思绪中开辟出一条路，带着她向梦幻的国度前进。

大气层如何散发太阳的热量（续）

地球的北极和南极还有一个类似哈德莱环流的循环系统，它是造成西欧（包括法国）降雨的原因，它就是极地环流。因此，与赤道一样，北纬 60 度左右，即法国以北地区，潮热空气会上升到 8 至 10 公里的高度，导致这里也常常下雨，但雷电却没有赤道附近强烈，因为这里的云团没有那边大。

在北半球，热空气一升到高空便向北极运动，下过雨之后，变干燥的空气再往下降落。因而北极跟南极一样很少下雨，那里是一片寒漠。

寒冷的空气在北极回到地面后便南下，同时慢慢增加热量和湿度，再重新上升。

极地环流和哈德莱环流由一个旋涡带隔离。此隔离带与两个环流同时旋转，使赤道附近的热空气向极地散发。这个隔离带我们称之为罗斯贝波，它会产生西风，吹过包括法国在内的中纬度地区。

如果没有这三股环流，赤道就会太热，极地就会更冷。正是有了这三股环流，地球上各个地区才有了不同的气候。另外，它们还是造成高空急流的原因（见 279 页）。

第四章

早上七点差二十分，米蒂尔还笔挺地躺在床上，睁大眼睛望着丝绸床缦。她不知道昨天夜里自己到底是怎么回事，但至少她休息好了。

她站起身走出房间。

客厅里落地窗外的天空已亮，明亮的蔚蓝色天空上点缀着一些嫩绿色，太空和星星都消失不见了。

“如果这孩子拒绝，那就是死路一条。”

国王昨天说的话仍在耳边回响。

她心想：“我宁愿死也不会跟他为伍的。”

她打开窗户让新鲜空气进来，微风吹着她的脸、双臂和双腿。一个难以捉摸的世界正与现实世界交融。

当房间里的座钟敲响七点时，有人打开她的门锁，然后敲了敲门。

米蒂尔没有换衣服，打开门跟着来接她的暴风雪军官走了出去。长长的走廊里弥漫着蜡烛燃烧后的气味。他们顺着走廊，再下楼梯，来到城堡的底部。

到了楼梯的尽头，暴风雪军官打开一扇已被太阳晒得很烫的门，外面是一个小型飞机场，停着近百架飞行器，每架看起来都凶猛异常。机场尽头就是冰城墙。

军官走到一架停在长长铁臂上的奇怪飞行器前。它的底部是椭圆形的木板，顶部是全景式玻璃窗，整个看上去像一个奶酪托盘，托盘底下装有一百多个小螺旋桨。

飞行器中央的位置坐着一位飞行员，他正在复杂的仪表盘上用手指敲着什么。飞行员对面安有舒服的座椅，国王就坐在那儿，看着米蒂尔和暴风雪军官上了飞行器。他的穿着跟昨晚一模一样，冷漠的目光似乎可以把空中飞扬的灰尘都凝结成冰。

“过来，坐在我右边，”他命令道，“我给你看一样东西，好让你可怜的大脑做出一个明智的选择。”

米蒂尔走向座位，尽管暴君昨天晚餐时导演了一场极具

威慑力的逮捕行动，但米蒂尔仍没在他脸上看到任何凶残的表情。

座位是可旋转的。

“起飞。”暴君命令道。

木板下面的螺旋桨转了起来，飞行器垂直向上飞起。米蒂尔看着城堡渐渐远去。

飞行员向西驶去，与太阳升起的方向相反，渐渐远离盖有皇宫和高级住房的云层。

“您到底要把我怎么样？”看不到云层后，米蒂尔开口问道，“您是不是要把我扔进大海？”

国王大笑起来：“我可没那么残忍！”

“您逮捕了自己的客人，这还不残忍吗？”

国王向她转过身，他的目光足以令她的血液立时凝固。

“叛徒是不可饶恕的，他们一定要受到惩罚。不过我要说清楚，不是因为你的父亲是叛徒就定你有罪，至少现在还不是。”

“我父亲发现了你的企图，所以你才把他消灭。他不是叛徒，你才是！你背叛了所有的人，而且你背叛了地球！”

国王像是没有听懂：“你在说什么？”

“说你的秘密武器，改变气候。这我都知道。”米蒂尔回答。

“改变气候，”暴君向后慢慢靠去，重复道，“我知道了……连你，这个生活在可笑的、不值一提的小云堆上的人都听到过此类言论。可你真的明白这到底是怎么回事？还是只满足于像小学生一样机械地重复别人的话？”

“我知道那会吓跑鸟类，我还知道你是杀死地球的凶手。”米蒂尔回答说。

“你什么也不知道！”暴君怒道，“你不过是枚棋子，你是个名不副实的假货，毫无意义。我屈尊搭理你，你还不知趣。”

他们的脚下，大海一直延伸到天边。他们飞过几朵低空飘浮的云彩，即将进入一个云雾笼罩的地区。飞行员放慢速度，先停顿了一下，然后改变航向，笔直向上飞去。

“你听到我昨天说的话了吧，”暴君继续说，“你可以选择。”

米蒂尔想跟他说，她在多年前就做好选择了，但他没让她开口。

“你可以享有城堡里的房间，成为世人崇拜的公主。”他接着说。

米蒂尔不再开口。

“我敢肯定，像你这样没有国土的假公主一定喜欢在我的宫殿里居住。相信我，你的生活马上就会变成美丽的童话故事。这不是所有女孩朝思暮想的吗？而且你还有可能收回你父亲失去的王国。”

米蒂尔尽管不情愿，但还是在听。是真的吗？这真的就是她想要的吗？

她想起那天看到德拉克太太时心里的感触，当时她真想像她一样美丽和魅力十足！德拉克太太在来到蓝莓村之前，一定是生活在一座城堡里，肯定是在那里让她学会成为一位高贵的夫人。

一想到德拉克太太，米蒂尔就记起她的蓝莓村，以及这么多年来暴君让她和她的民众所经受的苦难；她想到自己从来没有见过面的父亲，现在肯定在地球的某个地方受苦受难；她想到提丹，可能再也见不到他了。

暴君已经毁了她的生活，而他给她的惟一自由，就是在地狱和死亡之间作出选择。

她握紧了拳头，永远不能与他为伍！她会告诉他她的幻影说过的话。

城堡里那间豪华公寓对她来说没有任何意义，她宁愿死掉也不能跟魔鬼共舞。她只希望自己死了以后，后来的人能够找到一个领头人，一个像北方云国国王那样真正的领袖。

“看你就像看一本书。”暴君说完咧嘴笑起来，向她弯下腰，眼神里却露出某种疯狂。看起来他是疯了，还以此为乐。他的眼睛没离开她，手指向大海，而飞行器仍在垂直上升。

“这就是我为什么带你来这儿的原因。仔细看好即将发生的事，你会明白，真实情况是，你没有选择。”

第五章

“你看，”暴君躺在座椅里摊开双臂说，“人类都希望有更美好的生活，所以消耗更多的能源去旅行、取暖、生产各种他们所需要的东西。而我呢，只是为他们提供这些能源，而且源源不断，这样他们就没法离开我。有趣的是，他们并不喜欢轰轰作响的风车，他们更喜欢石油、天然气、煤……可你知道吗？这正是我所希望的。”

飞行器停在了半空中。在他们的下方，云形成一个巨大的白色圆盘遮住了大海，并以逆时针方向旋转。

不一会儿，它变成一个巨大的旋风向西方移去。

“没错，这正是我想要的，”暴君接着说，“因为每年每天二十四小时不停歇地消耗掉这些能源，就会有成千上万吨的二氧化碳排进大气层。这些废气可以让太阳的热量储存在大气里。你知道吗，这样不仅让我变得富有，而且正是我的军队所需要的！其实，人们知道这样的后果是什么，但是

他们根本不在乎，只想活在当下，一百年以后的事他们才不管。”

“你是个恶魔。”米蒂尔小声嘀咕着。

暴君并不在意她的话，耸了耸肩膀接着说：“人们有所不知的是，严重的后果有可能提前到来！你看，气温升高以后，海洋的温度也随之升高，所以要形成你刚才看到的旋风非常容易。”

他用手指着那个还在空中飞转的白色巨旋风。它的中心刚刚出现一个黑洞。

“那是怎么回事？”米蒂尔问，全身都紧张起来。

“有人管这叫做热带风暴现象，也有人称作台风、龙卷风或飓风。我看你这小脑瓜不见得能弄懂是怎么回事，让我告诉你吧：这个宝贝可是拥有不可思议的威力，它能带来冰雹、雷电、无与伦比的大风，甚至龙卷风。它的所经之处，一切都将被破坏殆尽，它能把地球变成地狱！我要的就是这个！”

米蒂尔被他的表情吓坏了，她只咬着牙齿重复说：“你是个恶魔。”

“原本，这种现象在地球上并不多见，龙卷风的形成需要很多能量。不过因为气候变暖，它们就可以从大气中积聚越来越多的能量，从而能够更频繁地袭击内陆。我在为此努力，而且地球人都在制造污染来帮我，他们不随手关灯，消耗越来越多的能源，现在龙卷风已经比以往更有威力了。”

暴君站起身，立在米蒂尔面前：

“我们大气层中的空气成分已经开始改变，没人能够阻止这个进程。所有已经释放到空气中的东西在三十年、五十年甚至一千年后还会产生作用。只是，谁会关心以后的事呢？”

“孩子们会关心！”米蒂尔反驳道。

“这就说到有意思的地方了，”暴君笑了，可脸色却严肃起来，“公平吗？成年人会因为一点小事责怪孩子，而他们自己却犯下了不可饶恕的重大错误。”

米蒂尔说不出话，她没想到一个恶魔竟能说出这样的道理。

“既然你知道这些，为什么不阻止他们？”她问道。

暴君露出贪婪的笑容说：“我为什么要阻止？我干吗不从中获利呢？我只有一次生命！为什么不去争取获得更大的权力呢？”

横扫天空的龙卷风足有十几平方公里，看上去跟这个暴君一样疯狂。

米蒂尔恐惧地想，暴君要是真把这类风暴发送到地球上，那这个世界将会变成什么样子？

“不过，”独裁者又好为人师地补充道，“看样子，你对气候方面的知识挺感兴趣，那我就告诉你，大部分自然形成的龙卷风，对我们的星球是有用的。它们可以把地球上某一个地方的能量和水带到另一个地方去。”

“我们需要自然的龙卷风，而不是由狂人制造或利用的。”米蒂尔说。

“没错，”暴君笑着回答，“但愿没有狂人掌握这类高科技。”之后他抬起手向飞行员说道：“讲演到此为止！打道回府！演出结束了！”

飞行器调了个头，向下飞去，穿过卷云层，再向东，朝着宫殿的云层飞去。

飞到半路，暴君转过椅子，向米蒂尔冷冷地投去恶狠狠的目光。他一点都不掩饰内心的邪恶，这令米蒂尔打了个冷战。

他说：“你心里很清楚，如果你不跟随我，我就会杀了你。可你有所不知，我会把你的刑场设成陷阱。怎么样？主意不错吧？这样我就可以试用我的新式武器，可惜不是龙卷风，它还没有成熟。我有另外一样武器，也很不错。你那叛徒父亲的追随者们肯定要来营救你，到时候……砰！一网打尽！好好想想再做决定吧。”

米蒂尔无话可说，德拉克太太确实说过她父亲的部下一定会想办法救她……这一点暴君倒没说错。

然而暴君的军队人数比反抗者多而且强大不知多少倍，她身上一下子冒出很多冷汗。事实上她确实没有选择，如果不想让父亲的部下作无谓的牺牲，她就必须投降。

随后的行程没人再说话。飞行器降落在城堡后面的广场上，暴君站起身。

“好吧。”米蒂尔小声说。

“大点声！”

“我按你说的做，你得逞了。”

“你改变主意了？”

“是……我改变了主意。”

暴君停顿了几秒钟，皱起眉头思考着。

“好！恐怕只有傻瓜才固执己见。”他的眼睛里冒出一道狂喜的光。他接着又说：“可是……为了证明‘坏人的话不可信’这句俗语说得对，我也改变了主意。你确实很可爱，但我不喜欢你，也不需要你。所以我还是要杀你，在你死刑的那一天，将一切反抗者赶尽杀绝才有意思呢。我知道有好几个地方可以设下完美的陷阱……想想看……用哪处好呢？哎呀呀，这可真刺激！好啦，我有主意了！”

热带龙卷风

龙卷风指的是一大团旋转的潮湿空气（也是一种云），它形成于热带或亚热带海域上空。

形成龙卷风的必要条件是：

· 海洋某个区域的水温至少为 27 摄氏度，这一温度的水深至少达到 50 米；

· 这个区域在离赤道不超过 500 公里远的地方；

· 高空温度下降的速度足够快；

· 海拔 5000 米处的空气要足够潮湿；

· 水面和高空的风速够快，时速 40 公里左右；

· 水面有激烈的震荡，形成大旋涡。

这些条件一旦具备（一年大约有 50 次），再加上海水的大量蒸发，就会出现几公里厚、几百公里宽的大片暴风云。

又由于地球的北半球表面比南半球转得慢，因此北半球巨大的云层会变成螺旋状，一边以逆时针方向自转，一边向前移动。

螺旋云的内部会形成不可思议的强风，有时时速能达到 200 公里以上。但是在它的中央，我们称作龙卷风眼的地方，既没有云也没有风。

龙卷风可以把海水掀起几米高，并在海岸形成具有摧毁性的巨浪。

只要龙卷风在海上，它就会吸进热海水，热水再蒸发，就会变得越来越猛烈。经过岛屿和大陆时，风会减弱，进而威力渐渐消失。

由于龙卷风太过强大，而且我们无法预测或改变它的路径，所以，它可以随心所欲。

不同的称呼如“热带龙卷风”、“台风”或“飓风”，说的都是同样的现象，只是不同的地区叫法不一样。

·“热带龙卷风”用于太平洋和印度洋一带；

·“台风”用于远东和印度一带；

·“飓风”用于北大西洋和西北太平洋。

科学家们监测出，龙卷风每秒钟释放出的能量，相当于一至六枚当年二战时美国扔在广岛的原子弹的威力。

热带龙卷风根据它们的平均风力（阵风风速可能更快）可分为：

一级风力：平均风速为每小时 118 至 153 公里。

二级风力：平均风速为每小时 154 至 177 公里。

三级风力：平均风速为每小时 178 至 209 公里。

四级风力：平均风速为每小时 210 至 249 公里。

五级风力：平均风速为每小时 250 公里以上。

法国时常出现的暴风雨，就是一大股热空气与一大股冷空气相遇的结果。这类暴风雨的威力及破坏力与龙卷风是无法相比的。

第六章

汤姆和提丹一直在看大地上方不断流动的云，它们的下部非常平坦，像是放在一张看不见的空中地毯上。

汤姆指着远处更高的一团云说："你看见那边有铁砧形状的云了吗？"

"嗯。"提丹点点头。

"那叫积雨云。这是地球上最大的一种云，有十几公里高，里面有很多水，威力很大，甚至可以在很短的时间把地球淹没，或是进行冰雹轰炸。"

"幸好我们不住在地球上！"提丹惊呼道。

汤姆没理会他的朋友，继续说：

"你记不记得有一天阿祖先生跟我们说过，在大气层中，我们的周围总有电在流动？"

"他说过吗？"

"是，就是他在讲太空和地球的时候。"

“噢……”

“你总记得地球是太空里的一个星球吧？”汤姆又问。

提丹冷冷地看了一眼汤姆，汤姆马上回答说：“好啦好啦！我不过是确认一下……万一你不知道呢……”

提丹叹了口气：“你继续说。”

“太空有很多从太阳或者其他星球发出的射线，然后又在我们的大气层里消失，就在我们头顶上几百公里高的地方，是这些射线造成了离子。”

“什么东西？”

“呃……离子。就是正电子。”

“梨子……”提丹笑起来，“能吃的？为什么你跟我说梨子？”

“是离子，不是梨子，”汤姆没好气地说，“正是因为它们的存在，空气中才有电，使得地球也有。因为电会从大气中转到地球上，又从地面向天空转移。可是电流很弱，所以我们的身体感觉不到。除非……”

汤姆停了下来，又继续看那一大团他指给提丹看过的白色积雨云。

“除非什么呀？”提丹问。

“噢！你真的在听呀，这可真稀奇！”

“汤姆！你又来了！除非什么?”

“除非雨、冰雹或是风来把一切搞乱。在这种情况下，会产生强大的放电效应，有可能造成伤亡。”

“但愿永远不要发生吧！”提丹惊呼。

“伙计，这种情况每秒会发生上百次。”

“你开什么玩笑!”

“一点都不开玩笑。”

“那在什么地方?”

汤姆又指了指那片浮在远处的大块积云，说：“就在这些云中间。你知道我们管这种放电叫什么吗?”

提丹耸耸肩膀。

“就叫雷电。”汤姆说。

与此同时，提丹仿佛看见那大块云中闪现了一个小光弧。

“喂，”他有点担心地问道，“咱们在这儿安全吗?雷电会不会砸到我们头上?”

“放宽心，只要积雨云不在附近就没有危险……不过要是在咱们的头顶就完了。”

“什么?咱们的头顶?”提丹脱口问道，他似乎感到他们头顶上有一个巨大的危险正在慢慢形成。

他抬起头观察他们刚刚飞过的两片云的上空，没有积雨云，不过他猛然想起汤姆刚才的话。

“天啦！”他惊呼道，“原来，刚才那道光就是闪电！”

“之后我们听到的声音就是雷声，”汤姆镇静地解释道，“闪电的最高温度可以高达 30000 摄氏度，导致它周围的空气骤热，就造成了‘轰隆’声。”

提丹跳起身，想跑进中尉和他的手下刚才进入的云洞中。

“我记得看到过一个说法……”汤姆说，“就是头发和危险的关系……”

“什么头发？什么危险？说呀汤姆！”

“当有大团云出现时，如果你感觉你的头发向空中立起，就得马上蹲下，脚一定要接触地面，但是绝对不要躺下。”

“为什么？”

“为了不让雷电击中，傻瓜。”

提丹迅速摘掉头盔蹲了下来。

“我的头发怎么样？”

“乱七八糟，跟平时没两样。就是说正常……”汤姆说着也摘掉了头盔问，“我的呢？”

“平的。”

“你再帮我好好看看。”

“咱们还是躲起来吧。”

他们跑进云洞里。洞壁布满金属网。

他们睁大眼睛，眼前的中尉和他的队员正在准备飞行器，非常多。每架飞行器只有一对翅膀和一个长长的机尾，看上去比蜻蜓器要凶猛轻巧得多，外形更像燕子。

“咱们得赶快走！”提丹大声说，“雷电会击中我们的头顶！”

“不会的……”其中一个人说，“你看！”他指着洞壁上的金属网。

“这就安全了？”男孩子将信将疑。

“当然，这是最好的保护方式。”

“啊！那就好！”提丹终于放下心来。

这时，其中一个队员向中尉报告说飞行器都准备好了。

“我驾驶哪一架？”提丹问。

“你上我的燕翔机。”瓦金说。

“让我来驾驶好吗？”

瓦金根本不理他，汤姆大笑起来。

“你觉得好笑吗？”提丹表示不满。

“你太孩子气了！”

中尉皱起眉头说：“你们两个都跟我过来，我只说一遍，给我听好了。只要你们跟我在一起，就是在执行任务，我是你们的首长。我下命令的时候你们要服从，并且要回答‘是，中尉’，听明白了吗？”

“是，中尉。”

“要绝对服从命令，不许多言，明白了？”

两个孩子点点头。

“别忘了，一有机会就放松神经，”他又哭丧着脸继续说，“时不时笑笑有助于放松。”

提丹和汤姆强忍住爆笑，这人难道生下来就没有笑过？

瓦金向他的手下走过去。每架飞行器旁站着两名飞行员，只有罗卜独自一人，他招手让汤姆过去。罗卜就是当时把两个孩子从监狱里带出来的警察之一。

“一切就绪？”中尉问道。

“H1 准备完毕，中尉。”“H2 准备完毕，中尉。”……飞行员们一直报到“H11 准备完毕，中尉”。

“发动引擎。”

轰鸣声立刻在岩洞中响起。

“全体人员登机。”

汤姆坐在罗卜后面，罗卜跟他解释如何穿飞行服、系安全带。白色的衣服一穿上，一下子就暖和起来。头盔里有声音，飞行员们正一个个报出身份。

“出发！”中尉喊道，而他自己还带着提丹站在飞行器边上没有入座。

燕翔机一架接一架飞离了云洞。一恢复安静，白云城原警察局局长就转向提丹：

“会有许多人为米蒂尔而死。但是，在此或在彼死去有什么不同呢？每个人迟早都有这一天。”

中尉的话无疑给提丹兜头浇了一盆冷水。“这人怎么这么悲观！”他心想。

“我再跟你说一遍，我跟市长说过的话：这次行动是自杀。我们会在到达辛迪城之前的某个安全地点降落，把你和你朋友……”

“不行！”提丹打断他，“我们一定要跟你们干到底！”

警察脸色煞白，提丹赶快加了一句“中尉”，希望能有用。可是瓦金没有反应，因为他刚刚意识到，打仗、战役和突击都是孩子们最喜欢的事情。

中尉一生中遇到的大部分平民都会把士兵当作与坏人作战的英雄，这种想法在他们脑中根深蒂固，却忽略了一场战争会带来的灾难。

而孩子们却忘不掉这种伤痛。他们懂得别的孩子所经受的痛苦，不管他们彼此是否认识，也不管他们是不是说同一种语言。

眼下，就在他瓦金的面前，一个孩子睁大眼睛瞪着他，在极力争取去营救另一个孩子。

尽管他还有些地方想不明白，但他内心深处已经意识到，这个小德拉克很可能是未来反抗组织中不可或缺的力量。按这两个孩子的说法，汤姆的父亲布里吉上校不可能没有遇险应急方案，而提丹的出逃更像是刻意的安排，但其中有些奥妙他还是不太明白……

“好吧，”中尉最后说，“你们跟我们一起来。”

提丹高兴地跳上飞行器的后排，并系上安全带。无线电信号启动，他在耳机里听见有人说话。

“汤姆？”

“是我！你听得见吗？”

“一清二楚！你在哪儿？”

“我跟罗卜在一起。这里的风景太美了！没想到地球有这么大啊！你呢？你在哪儿？”

“还在云洞里，我们马上就出发。”

中尉的燕翔机慢慢起身从云洞飞出。几秒钟之后，他们就已经在地球表面几千米高的上空了。

“我是中尉……”

大家安静下来。

“我们的集合地点在鹰山山脉第三个山头的平台上。听我指挥：H3、H4、H5、H6 和 H7，你们留在后面掩护，其他人直接去集合地点。”

“遵命！”

提丹看见前面有五架飞机向右转，其他都飞向指定地点。他向后看了一眼，也许暴君的飞行队很快就会追上来。

“提丹？”中尉过了一会儿问。

“是，先生！”

“你想学驾驶吗？”

雷　电

地球表面（带负电）和大气层上空（带正电）之间总是有电流通过。

因此带负电的电子总是由下往上走，除非是很强的风力猛地将云层中的雨水和冰雹提升或降下。

在这种情况下，冰雹和雨水都会带电。没人知道那实际上是怎么产生的，但一段时间以后，便会有大量的“电囊”[①]在云层内部形成，有的带正电（它们通常在云层顶部），有的带负电（在云层底部）。

当电路在这些“电囊”之间形成时，超强的电流会高速释放出来。这就是雷电。

打雷的时候，周围空气急剧加热，就会产生巨大的轰鸣声，我们称之为雷。闪电就是雷以光的形式出现。

有些云特别容易产生这种“电囊”，并形成它们之间的电流路径。积雨云便是世界上最有爆发力的云层，我们也称之为雷电云，这种云会产生雷电。

根据“电囊”在云层中的位置不同，雷电可以将一片云中的两部分、两片不同的云或者云与大地连接起来。

当雷电将云与大地连接起来时，便会向大地释放电流，

① 电囊：电子在云中聚集而形成一团，就像装在袋子里，所以作者称之“电囊”。

雷电离你远吗?

当闪电从天空划过时，你从零开始计秒数，一直听到雷声为止。将你得到的数除以3就可以得到雷电与你的距离（公里数）。

负电流再从地表回升到天空。因此，雷电在我们的星球上可以起到平衡电流的作用。

法国每年会有800000次闪电。世界范围内每秒钟大约会有100次雷电砸向大地。

雷　电

速度：每秒可达100000公里!

温度：20000至30000摄氏度（是太阳表面温度的4至6倍）。这个温度足以把击中的物体烧焦，甚至造成爆炸。

第七章

“你学过空气动力学吗？”瓦金接着说。

“空气啥？”

在几公里之外，坐在罗卜后边的汤姆听到这番对话，叹了口气。

“就是研究空气在物体周围是怎么运行的科学，比如喷气式飞机或火箭，”中尉回答，“不过不知道也没关系。那你知道这架飞行器是怎么飞的吗？”

“不知道，先生。学校里没学过。”

汤姆气得要命，不由地嘀咕道：“学过的！”

“闭嘴！”提丹吼道。

“对不起……”汤姆说。

“要知道这里面有四种力量，”中尉耐心解释道，“重力、升力、推力和阻力。重力会把所有的东西向地面拉。要想让我们的飞行器飞起来，就必须得有翅膀，翅膀周围的空气会产生一种垂直的力量把机器向上推。当这种力量平衡了重力时，飞机就向前飞。”

“哎呀！”提丹心里叫了声苦，“他比阿祖先生更难办。”

“中尉先生？”

是汤姆在说话，瓦金没有理会。

“空气能使我们飞，但也会减慢飞行速度，因为空气有阻力，因此需要推力才能向前走，引擎就是起这个作用的。这个道理很简单，而且非常有趣。”

“先生？”汤姆又叫了一声。

“布里吉，等一会儿。”

“我只想说……您能否先确认提丹系好了安全带？”

中尉对这个问题有点不解，便转过身。他讲了还不到一分钟，提丹已经睡着了。

“德拉克！”

“到！”提丹惊醒了。

“我刚才说了什么？”

提丹意识到这儿不是教室便放松下来，回想中尉刚才说的话：引力……重力……对啦，是重力。

“您刚才说的是一件很重要的事情。”他终于开口说。

中尉肯定他的说法：“肯定是重要的，不过你没在听我说。我正在向你讲述飞行的基本知识。看起来你脑子不灵，肯定学不会驾驶。我看，没必要教了。”

“我当然能学会!”提丹反驳道，他实在很厌烦别人老拿他当傻瓜，“懂得世界又不需要了解所有的东西……”

“懂得世界需要知识。”

“鸟儿会飞吧？您觉得它们都明白您说的这些？”

“那你就跳下去扑棱胳膊吧。如果你跟鸟儿一样会飞，我就让你开飞机。”

还没等提丹回答，中尉就开着飞机直冲地面，再用难以置信的速度猛地提升，他灵巧地在白色的小云缝之间往返穿梭，一会儿向右，一会儿向左……作为一名优秀的飞行员，他乐于这样向他的乘客尽情展示飞行技巧。

确定提丹足够震惊之后，他才减慢速度在云层与地面中间正常飞行。瓦金转过身，本以为提丹会吓得不知所措，却没想到他正举起双臂，在座位上跳着，掩饰不住内心的狂喜。

这孩子已经仔细观察了中尉开飞机的动作，便请求飞行员让他掌舵。

“不行!”虽然这么说，瓦金内心还是不由地欣赏他。

“您怕我开得比您好!”提丹表示不满。

瓦金笑了，他自认为是地球上最优秀的飞行员，却开始

喜欢上这个孩子，这个正赌着气、叉着双手看山顶的男孩。

夕阳照在山腰上，使之变成粉红色和橘黄色，但一块巨大的云挡住了部分阳光。铁砧形状的云顶火一样红。

中尉警告说：“尽管我说过你学不会，但假如有一天你真的开飞机，千万不要接近这样的云，非常危险。”

“我又不傻，”提丹小声说，“那里面有雷电。”

“而且有异常猛烈的狂风，加上大块的冰雹能把你砸晕甚至砸死。不过这种死法倒也不错。”

他们绕着暴风云继续飞行。突然，从下面吹来的一阵强风使燕翔机晃了晃。

“怎么回事？又没有云……风是从哪儿来的？”

“是从山坡上吹来的。平原上的风会顺着山体向上爬，所以山峦上总是有风吹来，所有飞行员都知道。”

提丹望着下面越过的褐色群山，正在想怎么能厉害地反击中尉，这时他的耳机里响起声音。

“H3 向中尉报告，发现白云城方向飞来巡逻队，他们在找我们。”

“他们发现你们了吗？”

“没有，中尉。”

瓦金命令道：“回来，中止所有通讯。只在紧急情况下通话。”

他按下仪表盘上的一个键，耳机里立刻安静下来。提丹还对哪天能驾驶飞行器抱有希望，因此一直仔细观察中尉的动作，看着他如何在每次风吹过后熟练地掌控着平衡。

他们飞过了群山，来到一处海面上，飞翔在一片一望无际的白云上空。一切都显得很宁静，但提丹有种奇怪的感觉。在右前方，他看到一座废弃的建筑，这就是罗卜提到过的飞堡。

中尉在空中飞了好几圈，直到看见他的飞行队，就向北继续飞去。

高空急流

地球的大气层上空吹着十分猛烈的风，是由于赤道、罗斯贝波地区和两极的空气流动速度不同而引起的。

赤道上空，地球表面的自然风速是每小时 1674 公里，站在地上不动，不会感到有风，因为空气跟着地球自转。

但在高处，由于有太阳的热量，空气就会向极地运动。比如，北半球的地表转动相对较慢，空气的流动速度相对来说就比较快。

在下降并回到赤道之前，空气会进入环绕地球的风带，这些风带我们称作高空急流，它们存在于几千米高的天空中。

一般来说，每个半球都有两个高空急流带，以北半球为例：

- 一个是在亚热带的上空（离北回归线不远），根据季节不同，在 10 至 16 公里的高度；
- 另一个是在法国北部的上空（但因地球绕着太阳转，因此季节不同会有所变化），在 7 至 12 公里的高度。

这类风的平均风速在每小时 300 公里左右。1999 年的法国大风暴中，探空气球测出的风速是每小时 529 公里，就在布列塔尼上方 8 公里处。

高空急流的风总是从西向东吹。飞机可以尽量利用这类风来加速，从而达到省油的目的，有时候飞行时间能够减少好几个小时！

从巴黎飞往纽约的飞机就不能利用这类风，因为风向不对。飞行时间一般在 8 小时 15 分钟。

但从纽约回巴黎时，飞行员就可以利用高空急流了，飞行时间可减少到 6 小时 50 分钟，节省了 1 小时 25 分钟！

地球上的四个高空急流

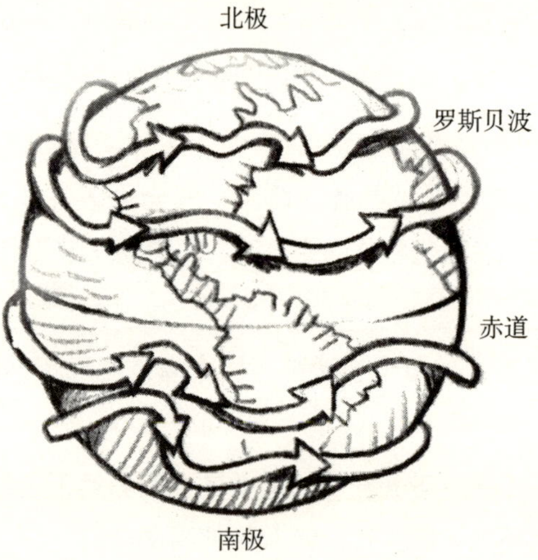

第八章

太阳在天边落下，越聚越多的雷雨云笼罩了大地。云顶闪着紫色的光，在地球表面投下长长的、斑驳的灰色阴影。提丹不再观察中尉的驾驶技术，因为现在一直向前飞，他几乎不怎么碰操纵杆。时间在流逝，天黑下来了。

突然，飞行员们把飞行器笔直地向上拉，空气骤然冷了下来。每升高一千米，气温就下降十几摄氏度。到了零下 20 摄氏度时，虽然穿着飞行服，提丹仍然冷得直哆嗦；到了零下 30 摄氏度，他连话都说不出来了；零下 40 摄氏度，他已经动弹不得。

从头到脚都冻僵了，他想说点什么，或动动手、动动腿……可是不行，他被寒冷死死地困住了。他头盔的玻璃眼罩上已结成钻石样的水晶冰，再过几秒钟，他的视线就被一片白雾笼罩了。

零下 50 摄氏度，就连他的极度紧张也无法让他暖和起来了。他身体中的热量正从飞行服中散发出去，他的心跳减慢，全身无力，似乎整个天空要把他的全部能量夺走。“中尉，救救我呀！”他在心里喊道，嘴里却发不出声。

他什么也看不到了。

突然，他母亲留给他的项坠在他胸前的皮肤上热起来，他感觉危险的临近比寒冷带来的恐惧还要大。

模糊不清的眼前出现一幅图画。他仿佛看到一个横向的风带，里面是猛烈的狂风在吹，并在大气层中移动。之后他的耳机里响起“咔”的一声，幻觉消失了。

“你想冻死啊？”中尉说，他刚刚打开通讯系统。

慢慢地，提丹飞行服里的温度在升高，他感觉解冻了，玻璃眼罩上的冰也化了。

“你的飞行服腰带上有个按钮，可以随着外面的温度变化而升温。幸亏我回头看了你一眼，你真该感谢我！”

“您该早点告诉我。”

“我哪里想得到，我还以为你是名飞行员……”

提丹本来是应该生气的，可刚才看到的幻觉让他处于头脑混乱的状态，那个感觉有点像当初在蓝莓村考试时，他没有在火山口上找到村庄……他在黑暗中观察，看不到任何危险的信号。

“我们马上要进入高空急流了，坐稳！”中尉提醒说。

正好，提丹冻着的双手还紧紧抓在仪表盘两边的把手上，他心想：“至少我不会被甩飞。”

“提丹！”汤姆乘坐的飞机刚刚飞到中尉的后面，他叫道：“我没说错吧！”

“什么事？”

“高空急流！我知道要想及时赶到辛迪城就得利用它！”

提丹知道瓦金也听得到，所以强迫自己集中精力听，他得让他知道自己能听懂而且好学。

“中尉先生，‘高空机瘤’是什么？”

“就是一种非常强有力的气流，在地球上空从西向东吹。越接近中心，风速就越快。”

“有多快？”

“时速可以达到300公里。”瓦金脱口说道，之后继续以尽量简单的方式跟提丹解释，但后者已经没在听了。中尉说的正是刚才他所看见的幻觉！他真不敢相信，这种情况出现两次了。“没准我真的能够跟别人一样感觉到空气！”他抬起头欣喜地想。

他记起白云城看不到星星的夜晚给他带来的不舒服，而这里，没有任何污染，天空布满了星星。在上百万颗星星组成的图案中，他似乎看到了米蒂尔的脸，她显得那么庄严而高贵。

他们的飞行器一架接一架飞进了高空急流，立刻乘上一股极其猛烈的强风。他们继续向东飞去，速度快得难以置信。

中尉他们飞出高空急流、向南飞去时，弯弯的月亮已经升起。但他们在日出的第一道曙光中，才隐约看到一座建在云端的城池。

过了一会儿，飞行员们在一座小山顶上降落。大家走下飞行器，提丹和汤姆并肩坐下来，看着中尉的部下搭起帐篷，然后在他们的指挥官身边集合。

“欢迎来到我的家乡！”瓦金大声说，“从现在开始，不要忘记你们周围都是敌人。”

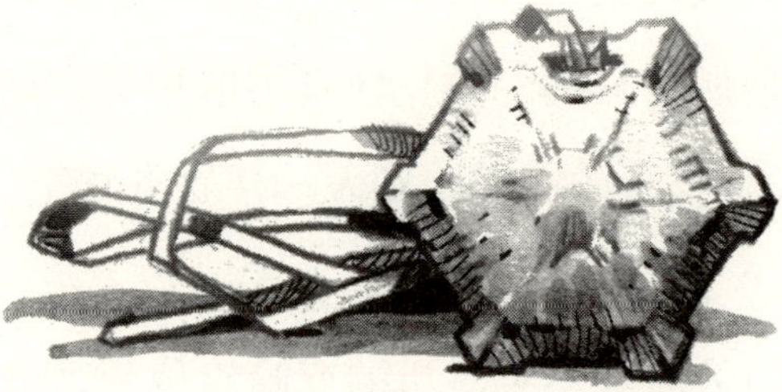

第九章

尽管历史遗留的繁荣迹象依稀可见，而且风厂仍能为城市建造一整片坚固的云层，但辛迪城已经不如往昔了。

这座城属于中央王国，但因为它很偏远，所以成为追随米蒂尔父亲的反抗者们的避难之地。多年的反抗斗争，令这座城市金融瘫痪，以往团结一心的反抗者出现了分歧。现在，大部分人都希望停止反抗，只求在暴君的统治下过安稳的日子。这些人听到要处决米蒂尔都欢欣鼓舞，他们认为北方云国的女儿米蒂尔就应该代她父亲受过，而她的死可以换来城市的复活。所以第一批士兵到达时便受到这些市民的热烈欢迎。

反抗者也来了，他们谨慎而不张扬，在忠于前国王的老战友处住下。明知道希望渺茫，因为他们人数太少，轻而易举就能被消灭，但他们仍在策划着如何去营救米蒂尔。他们中间流传着一个可怕的消息，说是暴君缺少奴隶，所以要抓捕尽可能多的辛迪城市民到国土边境去，建造未完成的飞堡。

自从提丹和汤姆到达这里，已经三天过去了。罗卜和中尉手下的几个人去城里转悠，收集了一些情报，打听到米蒂尔要在处决之前的几分钟才押到中央公园；他们还了解到暴君的军队接到命令，一旦有暴动的信号就拆掉风厂。获得这条信息的罗卜手下已经被发现并遭到暗杀，只有罗卜一人逃脱。

如此一来，战斗还没打响就已经有了牺牲。

听到这个消息，平时总爱发怒的中尉一句话也没说。他找到汤姆和提丹，给他们画了城市的地图，指着中央公园西边的一个小房子，对他们说：

“现在你们是行动组的成员了，米蒂尔的救援工作全靠你们。一旦她逃脱控制与你们会合，你们就把她带到这里。房子后面有燕翔机和飞行员等着你们，他们会把你们送到安全地点。祝你们好运。”

到了处决米蒂尔的那一天，清晨好像来得特别迟。两个好朋友坐在一座小山上，居高临下望着中央公园，他们穿着白色的衣服伪装得很好。就在他们的下方，已经有上百个好奇的群众蹲在云挖成的洞边等着，而暴君的特务则穿着便衣混在人群中，一眼便能认出。

孩子们很紧张，自从离开蓝莓村，他们就不停地从一个地方赶到另一个地方。现在事情有了变化，因为他们要真正地参战了。

“他怎么还不来？”汤姆第一百次重复着。

他们在等罗卜，他要在米蒂尔到来之前从上空飞过，以此通知他们。这样，他们才能趁着混乱跑进公园、混进人群，而不被发现。

“他到底在等什么?”汤姆又一次不耐烦地说,“真是的,能用无线电联络就好了。”

“行啦,别烦人了!”

“万一罗卜不来怎么办?万一他飞得太远咱们看不见怎么办?”

“你给我闭嘴好不好?”

“万一咱们跑得不够快怎么办?”

就在此时,一架飞行器从他们头顶飞过。

“是他吗?”汤姆想看清飞行器里坐的飞行员,但飞行器已经降落在广场上。

“应该不是。”提丹回答。

又有五架飞行器从孩子们待的小山后冒出来,在第一架旁边降落。

飞行员们跳下飞行器,在云挖成的洞口边放置栅栏,又在地上架了一块木板,有点像游泳池高台跳水的跳板,另一头的下面是深渊。

孩子们正紧张地看着这一切,突然上方传来轰鸣声,他们抬起头,看见有成百上千架不同大小的飞行器黑压压地布满了天空。

第十章

“糟啦！”汤姆惊呼，“罗卜不会来了！中尉一定没料到这个！”

提丹不太肯定，就没说话。暴君的飞行器十个一组地从他们头顶上飞过去，有的甚至非常大，乘载着三十来名武装到牙齿的士兵。提丹和汤姆没有想到会有这么多士兵。

“你看见没？”提丹指着城外的大批士兵说。

“他们好像是来建造风厂的。”

“是吗？不是已经有一个了吗，干吗要另建一个？”

“要是罗卜死了怎么办？”汤姆快绝望了。

“咱们走！”提丹根本就不做这样的设想。

他们脱掉伪装服，背着背包悄悄冲下山坡，很快混进了骚动的人群。有架由八架蜻蜓器护送的大型运输机飞过人群头顶，降落在不远处。消息立刻传开：死刑犯到了。

五十名士兵身佩能同时射出五个箭头的弓弩，从飞机上跳下来，把武器指向人群。之后米蒂尔出现了，她双手被铐，身上还有根铁链跟一个士兵相连。

“她来了。”提丹小声说，心跳加快。

公主的身后还有另外四名犯人从飞行器上走下来。最后一个下来的人尽管身穿紧身衣动弹不得，但仍在激烈地反抗，至少有六名士兵控制着他。

“叛徒！”人群怒吼着。

“国王万岁！”

提丹的眼睛一直盯着米蒂尔，没发现他身边的朋友已经僵直了。

“是我父亲……”汤姆指着身穿紧身衣的人说，“咱们得改变计划。”

“真糟糕……”

突然，所有的人都转过头，因为有人正走向广场中央，他的身边有士兵保护，身上绣了暴风云图案的黑袍在风中飞舞。

“暴风雪军官……”人群在低声嘀咕。

就在此时，发生了一件事，让所有的人转过了头——米蒂尔，北方云国国王的女儿扯开嗓子大声呼喊：

“这是个陷阱！赶快离开！求求你们，不要救我！”

她身旁的士兵气急败坏地去堵她的嘴。暴风雪军官没理会她，向放置了处决犯人的木板走去，他顺着旁边的台阶走上木板，冷冷地看了一眼犯人的背影，再转过身来面向人群。

“在此之前，我们的生活自由和平，”他的语气异常冰冷，“但是兰多那个叛徒，北方云国的国王把这一切都毁了。十二年前，我们敬爱的国王打败了他的军队。但兰多仍不罢休，他像毒蛇一样，继续给这些可怜的人洗脑，他发动了一次内战，造成上千名无辜民众的死亡。现在我们必须结束这一切，不再作这种无谓的牺牲。”

人群开始骚动，因暴风雪军官的话而激愤，都希望惩罚让他们遭受此罪的祸首。他们这些年一直生活在贫困中，又受到暴君的洗脑，于是大吼着兰多的名字：“打倒叛徒！”

暴风雪军官的演讲获得了预期的效果，提丹和汤姆感觉到了人群中蔓延的狂热。

“现在，这个家伙失踪了，但仍然有一些人要诋毁我们的王国，而且他们还要追随这个叛徒的女儿。这些人是你们的敌人。”

提丹转向汤姆：

“咱们得告诉中尉，让他知道你父亲在这里。”

汤姆嘴唇一直在发抖，完全被眼前的景象惊呆了，脑子里一片空白。他一直盯着拼命反抗士兵的父亲。

暴风雪军官把双手举向天空，大声说："但叛徒失败了！我们抓到了他的女儿！还抓到了保护她的所谓的"上校"，以

及另外三个帮助反叛者的坏分子。”

“万岁！”人群大叫，“国王万岁！”

米蒂尔的手被松开了，五名犯人被推向刑台。士兵们把其中一人推上木板，木板只有几公分厚，在人体的重压下向下弯去，云层下的白雾已接触到他的脚面。

人群疯狂了。

“打倒叛徒！打倒叛徒！”

“叛徒，但愿你在那边做出正确的选择。”

死刑犯双手被绑着，没有往下看，只是站着不动，拒绝向前走。突然，木板倾斜了，死刑犯没站稳掉了下去。人群发出欢呼声。

第十一章

突然，人群中传来一阵骚动，有至少六架燕翔机超低空地从人们头顶向犯人冲过去。

“是中尉！”提丹喊道，“快！去集合地点！”

他拉起汤姆，向瓦金在地图上指给他们的房子跑去。他们没有看见飞行器接近人群时，上面的人抓起犯人的衣领提上飞行器。

“在人群上空飞行时不许射击！”暴风雪军官命令手下的士兵，“我要保证所有民众的生命安全，陛下需要奴隶。”

士兵等着那些反抗者飞离人群才开始放箭。

中尉手下有一个人虽未受伤，却遇到困难。他本来已抓住布里吉的紧身衣领，但衣服太滑。他再次死死地抓住他，但自身失去了平衡，结果两人一起掉了下来，滚在地上。汤姆的父亲双手还被绑着，他挣扎着想起来，却站不起来。汤姆向他父亲冲了过去，提丹没能阻止他。

另外四架飞行器一下子散开，向四面飞去，其中一架折回来，冲向正无助地望着朋友落入虎口的提丹。几秒钟后，这架飞行器把米蒂尔放下又转身投入战斗。

“提丹！”女孩大叫着，“别过来！这是陷阱！”

“我知道！”他说完一步也没动。

他母亲留给他的项坠在他的胸前发热，提丹感觉有危险迫在眉睫。他抬头寻找危险的来源，看见城市上空有一朵铁砧形状的云，眼见着越涨越大。

“提丹！赶快跑！”米蒂尔又大叫。

他没有回答。汤姆已经跑到了父亲身边，跟着父亲一起坠落的飞行员向士兵们奋勇地扑了过去。汤姆帮他父亲站起身，带他向提丹跑去。提丹则向米蒂尔喊了声“跟我来”，随后向不远处藏有燕翔机的房子跑去。

他们没命地在空无一人的街道上跑，只剩下不到五十米了，有一支箭射到了他们右边的房顶上。箭头上拴了一根铜索一直通向天空。提丹感觉自己的头发竖了起来，还没等他反应过来，一个巨雷砸到了房顶上，把两个孩子震倒在地。雷声轰鸣。

“米蒂尔！怎么样？”提丹站起身问道。

米蒂尔被震晕了，却点点头满身灰尘地站起来。提丹向后看了一眼，汤姆和他父亲正向他跑来。另一个带铜索的箭头射到他们面前，却没有爆炸。提丹感到某种危险正在成倍地增长，他看见米蒂尔的头发竖起来了。

“蹲下！”他向她喊道，“两脚平放！”

一道光以惊人的速度从铜索上传来，劈到云层表面上，把云层劈出一条裂缝，白雾一下子升上来，之后听到轰隆的雷声，似乎把他们的骨头都震酥了。

这一下，提丹猛地意识到汤姆说得对，暴君的人确实是

建造了一座新风厂！不过不是为了加固云层，而是为了制造一片巨大的铁砧形状的雷雨云，铜索箭头就是从那里射出来的。暴君用铜索来引导闪电的方向，他把最有威力的云变成了一件武器！

提丹站起身，看见三架燕翔机正在等着他们，于是便拉着米蒂尔的手绕过云缝向飞行器跑去。

瓦金的计划进行得还算顺利，因为只有一架燕翔机被击毁，另外两架似乎没事，但飞行员却不知所踪。

提丹爬上其中一架看起来完好的飞行器，学着瓦金的样子打开引擎，好让汤姆赶到时可以立即起飞。然后跑向另一架。

“我来开！”米蒂尔说着抢先坐在前面。

“不行！你根本不会开飞行器！”

她转动了一下操纵杆，燕翔机从地面上升了几公分。

“你会开？”提丹惊讶不已。

“快上来，别发呆。”

“得等汤姆！”提丹坐在后面说。

可是士兵已经追上了父子俩！

“他们跑不了了。”女孩子难过地说。

“他们可以赶上！要等他们！汤姆！快呀！”提丹声嘶力

竭地喊。

就在此时，一个士兵抓住了汤姆的手臂，男孩极力想甩开，但没成功。

一看到儿子被俘，父亲也停住了脚步，士兵们一拥而上把他扳倒在地。

一切已成定局，米蒂尔极不情愿地启动了飞行器。

“汤姆!!!!!!!!!!”提丹绝望地叫喊。他没有看见已经有十几台飞行器低空飞出，向他们扑了过来。

第十二章

令提丹十分吃惊的是，米蒂尔驾驶燕翔机的技术非常娴熟。一起飞，她就调转机头，飞过汤姆和他父亲以及包围他们的二十几个士兵。

“咱们去哪儿？有没有援兵？”米蒂尔问道。

“没有援兵，”提丹轻声说，“没有后续方案。”

“你们是不是昏了头？现在我们该怎么办？要是再被抓住，那就全完了！”

“没完！咱们要战斗！”提丹喊道。

“如果真能逃离，倒是有个交换条件，”米蒂尔没想让提丹听见，“我可以用我的生命去换取汤姆的自由……”

她在本应处决自己的广场上方转了一圈。到处都是暴君的士兵，他们用弓弩指着天空。米蒂尔又拉了一下操纵杆，飞行器向上飞去，箭打不到了。民众们已经从广场上撤离，躲到仍可能被闪电雷鸣击中的房子里。

在发出雷电的云团周围，天空碧蓝如洗，万里无云。米蒂尔看了看四周，绝望地发现没有一处藏身之地，追踪而来的敌机已经近在咫尺。

提丹低头望去，看见辛迪城没有被雷摧毁的房顶上有些燕翔机正在起飞，不一会儿，已经飞到暴君飞行器和他们之间。

“援兵来啦！”提丹高兴地说，“咱们不是孤军作战！”

米蒂尔松了口气，尽管援兵不多，但至少可以为他们争取时间。她加速向右转，想尽快离开这个不祥之地。

“赶快找一片云，我想……”她跟提丹说，还没说完她就愣住了，从铁砧形的雷电云中飞出一群暴君的飞行器，正向他们扑过来。她只好调头向雷电云下方飞去，提丹的项坠热了起来。

“你干什么？”提丹隔着衣服拽着项坠问。

“没有办法了，”米蒂尔回答，“要想活命，就得穿过云层。”

“你疯啦！”提丹狂叫。

“你们来救我才是疯了。”米蒂尔说。

瓦金中尉和他的部下在城市上空灵活机动地顽强作战，在不断的雷鸣声中，成功地接近了被俘犯人，拼尽全力保护两个出逃的孩子。

看到米蒂尔和提丹向白色云雾中冲过去，他们发出惨叫，因为从来没有任何人能够从雷电云中活着出来。

“我还特意嘱咐过他千万不要靠近！”中尉气得大喊大叫，而两个孩子已经消失在魔鬼般的雷电云中了。

他指挥着白云城仅剩的两架飞行器，跟着他向辛迪城扑下去。过了一会儿，他们一个个掠过雷电砸过的云层表面，暴君飞行队里只有最好的飞行员能够像他们那样飞行而不坠毁，其他的都撞得粉身碎骨。碎片洒满了整个云层。

第十三章

米蒂尔和提丹一飞进恐怖的暴风云就吓得魂飞魄散。他们先被浓密而潮湿的灰雾蒙住了眼，还有四面吹来的狂风每分每秒都在加速，不久，他们就完全失去了方向。

他们刚刚闯进的魔鬼暴风云拥有他们从未见过的威力。

米蒂尔记起她在暴君城堡时，看到的暴雨与冰雹砸向大海的情形，现在明白就是来自这种暴风云。她想跟提丹说，但迎面吹来的风太猛烈，她根本无法张口。

他们不知道自己正朝暴风云的中央飞去，那里的风暴是最可怕的，而且雨滴将变成冰雹。提丹贴在米蒂尔的身上，使她不被风刮下去。

在他们很远很远的下方是地球，而他们的上面就是暴君的军队。

大雨夹着冰雹砸向他们。米蒂尔没穿飞行服，冰雹直接砸到她裸露的手臂和大腿上，她本能地抬起手臂保护头。提丹马上摘掉自己的头盔想要给她戴上，结果一个拳头大的冰雹飞上来，头盔失手掉了。

另一个比刚才还大的冰雹，直接撞到了高速飞行的燕翔机右翼上。冰雹被撞得粉碎。提丹抱紧米蒂尔，巨大的撞击力把他们从座位上震了下来。由于风力极大，两个孩子被吹得向上飞去，而撞坏的飞行器则消失在狂风暴雨中。

他们现在处于地球上方六千米的高处，风速小了一点。他们紧张得无法呼吸，往下掉的速度令人眩晕，什么也看不见，转着圈、翻着滚地向下掉，速度越来越快。他们知道迟早要撞上地面，这将是他们生命中第一次也是最后一次撞上地球。

随后，速度慢了下来，他们又重新看到希望。提丹紧紧地抱住米蒂尔，保护着她身体裸露的部位。

当他们快掉到风暴云的底部时，一阵从下面吹来的风又把他们托上去。越往上，冰雹就越大，最后变成冰球。

不知道什么原因，风还在加大，以疯狂的速度继续把他们往上推。他们耳畔呼呼直响，温度也在直线下降。又上升了几公里之后，风猛地停住了。他们又开始往下掉，周围都是乒乓球大小的冰雹。在耀眼的闪电和震耳欲聋的雷声中，云放射出蓝色和白色的电光，似乎把空气爆裂了一般。

两个孩子就这样互相搂抱着，在地球上方最猛烈的暴风云中上下翻滚，羽毛般随狂风乱舞。

提丹闭着眼睛，根本分不清他们头脚的朝向，哪边是天空哪边是地球；眼睛也看不见，完全失去了方向。他感觉米蒂尔的身体紧紧地贴着他，两人的手握在一起。提丹再也听不见雷声，看不到闪电，他的心跳得比他们的飞行器炸裂时还要激烈，仿佛整个世界都缩在米蒂尔的手心里了。她的手指一张一合，像是想对他说些什么，最终她的手使劲掐住了他。

他睁开眼睛。

他们出了暴风云，正随着冰雹往地球表面掉下去。

“你尽全力抓住我，咱们可以安全着陆。”提丹冲米蒂尔喊，拉下背包两边的两根绳子。背包猛地打开，从里面展开两个翅膀。几秒钟后，他们就逃离了致命的暴风云，在空中滑翔起来。

第十四章

离地球只有一百多米了，提丹看着扑面而来的地面，不敢肯定能不能安全着陆。他看见山腰上有一片平地，便拉了拉绳子，发现自己居然可以调整方向，他内心狂喜起来，他飞了，他终于可以像鸟儿一样飞了！

“呀哈！”他兴奋地拉着绳子，想向上飞一点再减速。没想到翅膀反而加快速度向前冲去，他兴奋的喊声变成了惊叫，因为他们直冲地面撞去！

他们摔向地面。还好，地面比提丹想象的要软多了，原来地面上覆盖着一层厚厚的泥灰混合物。他们掉下来的时候，提丹是头朝下插进泥灰里的。

“提丹！怎么样？”米蒂尔站起身把他拉出来问道。

提丹快憋死了，吸了一大口气才睁开眼睛。要是往常，米蒂尔看见他这满头是泥的样子，一定会笑岔了气。

提丹坐起来，先检查自己受没受伤，再放下背包站起来。

他抓住米蒂尔的胳膊高兴地原地转圈："咱们成功了！我会飞了！"

"咱们成功了！"他不停地喊，小姑娘也松了口气。

他们真不敢相信自己居然还活着。

"我们现在在地球上，"米蒂尔喃喃地说，"在地球上……但咱们不能待在这儿……"

"为什么不能待在这儿？"提丹看看周围问道。

周围的高大树木挡住了视线，他们只好爬上岩石，去看他们刚刚飞过的山谷。远处有一条河，河两边长满了绿色的树。他们顺着蓝色的河水望过去，静静的河在山间流动，将天蓝色的水带往天边。米蒂尔想起她上过的课，记起河水最终会流到大海里，而大海会为暴君所利用。

她抬起头看着阴暗的天空，想起自己的父亲，可能他也跟他们一样最终逃了出来，没准他也没受伤！地球上并不像人们所说的那么危险。

"看呀！"提丹突然叫了起来，他指着远处黑云密布的天空，那里有一些小黑点。

他们眯起眼睛仔细看，初看像是一群黄蜂在向三只小飞虫发起猛烈的进攻，其实那就是白云城的三架燕翔机，而暴君的飞行队正在追击他们！然而，米蒂尔同盟军的飞行员并不示弱，两个孩子看到好几架敌机坠毁在平原上，而三架燕翔机则毫发无损。

突然，一架燕翔机冒起了黑烟，向地面坠落，消失在一座小山后。另两架改变了战术，且战且退，向米蒂尔和提丹这边飞来。

他们看到第二架燕翔机冒火坠毁时，惊呼了一声。

躲在一棵大树后屏住呼吸的他们，紧盯着第三架飞行器。当它从他们的头顶飞过时，提丹认出了，是瓦金中尉！有八架暴君的飞行器在狙击他。

中尉的机身翻了个跟头，飞到敌机的背后开始射击，三架敌机被击中起火。

提丹兴奋得手舞足蹈，像是他自己在开飞行器一样。

“中尉！加油！！！”他扯着嗓子喊。

另一架暴君的飞行器被击中后向下坠去，紧跟着又有一架。

“加油！还剩三架！往右！”

瓦金又击中了一架。

“当心！”提丹嗓子都喊哑了，“左边！！”

就在中尉从两个孩子上方飞过时，一缕黑烟从他的机尾冒了出来。他被击中了！飞机开始倾斜地向下掉去。过了几

秒钟，从他坠落的地方升起一缕黑烟。

空战结束了。

暴君的战机在中尉坠机地点盘旋了几圈后，才轰隆隆远去，最终消失在地平线上。四周一下子静得可怕。

米蒂尔和提丹全身颤抖，惊得好一会儿说不出话来。

突然，一声树枝的响动吓得他们猛地转过身。

两棵树之间出现一个满身泥污的身影。

是中尉！

“我当时确实听到是你在叫喊。”他走过来，向提丹说。他的表情像是刚从森林里散步回来。

他看了看天，又盯住米蒂尔。他的目光里透出一种复杂的情绪，一种明知事已至此再无转机，但仍抱有一线希望的情绪。

随后他说：“好，现在咱们得找个避难的地方。跟我走。”

第十五章

提丹跟着中尉和米蒂尔在森林里走了好几个小时，时不时听见中尉在回答米蒂尔的问题。

他听到白云城的大部分飞行员都应该没有问题，不会有太大伤亡，因为他们都训练过在危急情况下逃生的方法。这虽是好消息，但提丹忘不了汤姆，他被捕了。

他们来到森林的某一处，中尉认为这里可以扎营。他折了些树枝给孩子们，教他们搭窝棚。

远处时不时传来雷声，令他们想起刚才的空战。但雷声渐远，说明暴君的人走了。天边亮闪闪的云不再受控，被风一吹开始飘散，并向大地投下倾盆大雨。等雨水放完，云开雾散，天空一碧如洗，世界终于静了下来。

窝棚搭好了，米蒂尔靠着树干坐下来，好奇地看着周围的林间山色。她一株植物也不认识。

中尉则坐在一丛枯叶上，透过树顶望着天。

“现在还不是休息的时候，”他说，“看来马上又要下雨了。”

“那才好。”米蒂尔心想，她觉得很闷热。提丹还站着，像是在入迷地想什么东西。

“你在想什么？”米蒂尔问他，“你有好一阵子没说话了。”

“不会下雨的。”他小声说。

中尉听了这话，抬起头。

“不过我并不担心这个，”男孩接着说，“这座森林有些蹊跷，咱们不能待在这儿。况且我们还得去救汤姆。”

“地球上有很多类似的森林吗？”米蒂尔有点好奇。

“已经很少了。”

“您以前见过？”女孩继续问。

“是，”中尉说，“我小的时候，常常用父亲的望远镜从云上观察地球。那时候地球上有很多动物，现在只剩下昆虫了。”

中尉尽管是在回答米蒂尔的问话，可眼睛却盯着提丹，看样子德拉克太太的儿子的确有些不寻常。中尉有些后悔把他和汤姆都带到辛迪城。他刚想向男孩许诺说一定会去找汤姆，可脑子里突然闪过一个念头。好长时间以来，他的脸上第一次有了颜色：“难道这孩子是……？”他的心咚咚跳，他猛地站了起来。

“为什么没有动物了？”米蒂尔继续问，她没注意到中尉的变化。

“动物需要很大的生存空间，”瓦金心不在焉地回答，“这只不过是一片小林子，大量森林被毁了。”

提丹盯着走近的中尉，又看看森林，再看看中尉。

“被毁了？”他终于说，“怎么……个毁法？谁？看样子这座森林还不错嘛……”

米蒂尔盯住他，就像是看外星生物一样。

“怎么啦？你们为什么这样看着我？”

米蒂尔悄悄对瓦金说：“他在学校从来不是好学生。”

“老实告诉我，”瓦金双手放在提丹的肩膀上说，“你为什么认为不会下雨？”

“呃……”提丹有点结巴，“说说而已……”

“回答我！”

“我……我不知道……我……我就是有感觉。我没法解释。”提丹说着，不好意思地向米蒂尔望了一眼。他怕她笑话他，但女孩正认真地听他说话。

“你以前有过同样的感觉吗？”中尉问。

“是。”提丹说着低下了头。

“说说看。”

提丹有点怕说出来惹人笑话，但瓦金很坚持，他只好说了。

“有两次，”他轻声说，“第一次就是蓝莓村遭到攻击的前一天，我做过一次心灵感知，看到火山和岛都在，天上布满了高高的云，特别白。可是没有蓝莓村，就像是……就像是我事先看到了第二天发生的事……”

米蒂尔惊呆了。

“你为什么没早说？”她叫道，“没准我们可以救出所有的人！”

“我怎么知道是真是假？而且当时是在考试的时候！我什么也不敢说，后来我看天，蓝蓝的天没有一点异样！所以我就以为是我搞错了。我从来没有像你们一样对空气有特殊的感觉。”

“第二次呢？”中尉问。

“就是在我们向辛迪城飞的路上，在我们飞进‘高空机瘤’之前，我就看见了。”

“那时候你知道什么是高空急流吗？”

“不知道，这四个字怎么写我都不知道。”

中尉松开提丹的肩膀向后退去，样子显得很震惊。

“还有谁知道你有这个能力？”他说话的口气严肃得像是关乎生死。

“我有什么能力？”

“预知天气的能力！”

“啊？我能预知天气？”

“除了你，还有谁知道？”

“没人知道。”提丹有点失望地回答。

他更希望自己像别人一样对空气和风有同样的感知力。“预知天气……”他心想，“嘁！无稽之谈！”

不过他还是问了一个没准以后用得上的问题：“预知天气能成为一个好飞行员吗？”

瓦金没回答，他又重新开始闷头转圈地思考。一分钟，五分钟，十分钟过去了。提丹没敢动，他有点自责。

米蒂尔走近他问：“你肯定不会下雨吗？”

提丹点点头。

“来，咱们去看看这座森林里到底还剩些什么？”

走了几步，她悄悄说：

“提丹，你别怪自己。你要是知道自己有超自然的能力，肯定会告诉别人的，没人怀疑这一点。”

气候变暖的几种现象

科学家们知道，地球变暖的原因跟人类的活动有关。他们年复一年地观察到空气和海洋的平均温度在升高，并得出结论说，以下这些现象与产生温室效应的气体有一定关系。

· 空气越热，大气所含的水蒸气就越多；

· 风暴、龙卷风、雷电和雨来临时，会比以前更加猛烈和具有摧毁性；

· 极度的高温天气，水灾与旱灾越来越频繁；

· 沙漠越来越干旱，潮湿地带更加潮湿；

· 无法适应气候变暖的动物相继灭绝；

· 新的疾病在人群中传播；

· 农业产量减少；

· 地球上的可饮用水越来越少；

· 格陵兰岛、北极、南极的冰与冰山在融化，造成海洋水平面升高。一旦平均温度升高 3 摄氏度，海边 30% 的湿地就要被淹没；

· 珊瑚消失了，一切依赖珊瑚生存的动物均受到威胁；

· 洋流的变化影响了海水中的生物以及大气的流通。

第十六章

米蒂尔和提丹在树林中漫步，她向他讲述见到暴君以后发生的事，跟他讲龙卷风和这个男人的疯狂计划，并且告诉他，暴君毫不掩饰自己的意图。

“你当时做好了死的准备？”提丹觉得不可思议。

“对。当时我感觉到某种奇怪的东西，就像看见一个透明的自己。”

提丹望着她，心想：我真是有很多东西不明白啊……他希望汤姆就在眼前，跟他解释这些神秘的事情。但愿他对这些怪异的问题都有答案……

他们往山上爬了一会儿，快到山顶了。

“你知道吗，”米蒂尔说，“那天我把你送回家以后，跟你母亲谈了话，就是蓝莓村遭到攻击的前一天。”

提丹说：“我记不清楚了。我当时应该睡着了吧。”

“去蓝莓村之前，你母亲在中央王国是做什么的？”

“她从来没跟我说过。怪吧？你问她了吗？”

“没有，不过我想她一定生活在城堡里。”

“城堡里？不可能！”

“真的，我敢肯定。”

他们爬上了山顶，眼前看到的景象令他们心中一寒。

森林全部被砍光，一半的树木已经倒下，剩下的树光秃秃的。病恹恹的灰色树干在这荒漠一般的景色里孤独地立着。地上覆盖着绿色的植物，长着巨大的叶子，样子不太好看。

“这里……这里到底发生了什么？谁干的？”提丹叹口气。

“我们，”中尉出现在他们身后，用活死人的口气回答道，“人类。”

米蒂尔和提丹转过身，看见瓦金靠在一棵树上，像是在等他们到来。

“您跟踪我们？”米蒂尔问。

“我们的人做了多大的努力才把你们救出来？别以为我会让你们轻易走失。”

“这里出了什么事？”提丹坚持问，“为什么人们要毁掉森林？”

“为什么？”中尉说，“因为人们很愚蠢，仅此而已！”

“人类几乎把地球上所有的树木都烧光了，”认真听过阿祖先生讲课的米蒂尔说，“而且他们过度使用石油，使二氧化碳进入大气层，所以好多事情都变得比以前更加难以控制。”

“什么事情？”提丹问。

“暴雨、疾病、洪水、风暴、干旱，这一切都变得异常凶猛。海水上涨了，出现海啸，人类不能再生活在海边。再往后，整个地球将不能生存。”

“类似这样的森林地带，也是所剩无几。”中尉接着说。

“那……森林……？”

“气候变得越来越热，越来越潮湿，大部分林木都经不起这样的变化。”

“那就是说，是我们杀死了地球？”

“也不完全是，”瓦金说，“地球的生命力比我们想象的要顽强。它并不需要我们，看看这些树干中间，已经长出新的植物适应了这样的环境。”

“那人类为什么不想办法补救？”

“他们没想到这样的情况会提前出现。”米蒂尔说。

“想到了，”瓦金的脸白得像张纸，“他们是知道的，但是他们不愿正视。”

米蒂尔凝视着中尉，他跟暴君说的一模一样。

“北方云国的国王当初发现了暴君有意让气候变坏，”瓦金接着说，“他想说服人们，不要再继续这种生活模式。如果他成功了，暴君就会失去力量和财富。就因为这个原因，这个魔鬼才把国王除掉。”

“那我们该怎么办？”提丹无奈地问。

“阻止他，”中尉说，“我有个想法。”

米蒂尔在原白云城警察局局长的眼睛里看到的炯炯目光，正和他们当初去解救米蒂尔时，提丹在他眼中看到的一样。

“提丹，”瓦金说，“听好了，能够预知天气是一种人类罕见的超能力。人人都能看见当下的天气，感觉风和空气。但能事先预知天气或感知气象是极难做到的。有能力还不够，还需要集中起全部的精力。”

“糟了。”提丹心想，他从来没能集中精力，哪怕一分钟。

“你必须接受训练，”中尉说，“我们需要借助你的能力，去重新夺回米蒂尔父亲的王国。”

提丹望着展现在眼前的荒凉景象，想起了汤姆，想到了母亲，然后他转向米蒂尔，似乎在她颤动的嘴唇中看到她正对自己说：“要做到这一切！不让任何人受难。”

他们头顶上的云消失了，出现了蓝天。

这时提丹记起儿时母亲对他说的话：

“地球就像一个漂浮在宇宙里的家园。在太空里，它保护

着我们，给我们饮食，给我们空气。提丹，记住：家园只有一个，而我们已经把它毁得差不多了。”

他拉出项坠，看着里面的彩虹，然后放在唇上低声说：“我要拯救我们的家园，我向你保证。”

水晶像是听懂了他的话，一闪一闪地发出微弱的光。

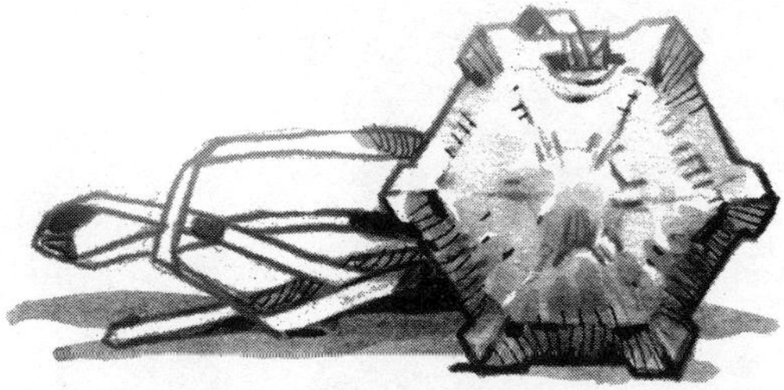

鸣 谢

非常感谢克莱蒙费朗布莱斯·帕斯卡大学的物理气象研究所对本书的科学内容所作的校订。

感谢康斯登·弗雷斯和马丽娜·斯塔昆卡的合作。

感谢让-克洛德·杜波斯特、娜塔莎·德瑞维斯基和格伦·塔温尼丝、佛罗伦斯·拉沃列、玛丽安·戈里奥、妮可·洛特和贝内迪特·潘罗科、伊莎内尔·勒佩斯、尼古拉斯·瓦丁和克瑞斯丁·龚琳特、蒂埃里·迪亚兹和尚塔尔·莫斯卡泰利、奥莉·詹尼罗德和玛丽安·范肯，以及伊夫琳·马斯艾德。

另外，我还要告诉玛格丽特、埃里克、尼古拉斯、吉姆、艾丽娅、朱丽叶和艾曼纽，等我采到云的那一天，我要向你们每个人赠送一片云。

现在，请闭上眼睛或转过身去，我要亲吻给予这本书灵感的、最美丽最温柔的女人：凯。

科学知识插页目录

剧情预告

《云间王子II三个太阳》

落到了地球上的提丹和米蒂尔在瓦金的保护下，开始了他们的地球历险。正如瓦金的断言，提丹和米蒂尔已经成为云间众国“最受欢迎的”通缉犯。暴君的暴风雪军队很快追踪到了森林里。在陌生而恐怖的森林里，等待三人的将是什么？他们能活着逃脱暴风雪军官的追捕吗？

汤姆开始了他在暴君精英学校里的生活，而且渐渐地爱上了这个允许他全身心投入科学研究的学校。但是在偶然发现了提丹的真实身份之后，他的内心有了异样的变化……

《云间王子III天风怒》

在本集终结篇中，三个孩子各自的命运将迎来新篇章！

在极光之国灭亡后，米蒂尔被瓦金带到了更北方。那里是她父亲曾经的国土，瓦金希望能在那里组织起新的起义大军，然而暴君的暴力镇压很快令北方众国一片生灵涂炭……

提丹失去了所有的好朋友，独自在游云上接受达琪的培训。即使所有人告诉他汤姆背叛了，他也始终坚信汤姆正等待着他的救援！

然而，此时此刻的汤姆正酝酿着一个不可告人的计划。同时，伊格克多那新来了一个陌生的女孩。她似乎和他一样，曾经在某个空中监狱里度过了可怕的日夜。她刚来时穿着奇怪的树皮衣服，总爱躲进学校旁边那块森林禁地。她的一切都显得和精英学校格格不入，但她的身影却悄悄走进了汤姆的心……